谨以此书献给所有我爱的人和爱我的人

花开的声音

李鸿雁　著

兰州大学出版社

图书在版编目(CIP)数据

花开的声音/李鸿雁著. —兰州:兰州大学出版社,2006.4(2011.6 重印)

ISBN 978-7-311-02771-1

Ⅰ.花… Ⅱ.李… Ⅲ.长篇小说—中国—当代 Ⅳ.I247.5

中国版本图书馆 CIP 数据核字(2006)第 026479 号

策划编辑　李永莲
责任编辑　锁晓梅
封面设计　张稳移

书　　名　花开的声音
作　　者　李鸿雁　著
出版发行　兰州大学出版社　(地址:兰州市天水南路 222 号　730000)
电　　话　0931-8912613(总编办公室)　0931-8617156(营销中心)
　　　　　0931-8914298(读者服务部)
网　　址　http://www.onbook.com.cn
电子信箱　press@lzu.edu.cn
印　　刷　天水新华印刷厂
开　　本　880×1230　1/32
印　　张　9.5
字　　数　216 千
版　　次　2006 年 4 月第 1 版
印　　次　2011 年 6 月第 3 次印刷
书　　号　ISBN 978-7-311-02771-1
定　　价　15.50 元

(图书若有破损、缺页、掉页可随时与本社联系)

序

——和泪共吟：懂得珍惜

王云霞

兰州的春天脚步儿慢。深春将至，可沙尘弥漫中找不到花开的丽景，心中不免有些沉重和感伤。

下班前坐在桌前发愣时，友人托我给一位中学生创作的小说集写个“序”。采访工作繁忙，日日像陀螺转个不停，难得挤出时间写。正要推辞时，友人递过已付梓的手稿。《花开的声音》即刻映入眼帘。急忙翻阅，一位女孩纯美心灵中流淌的“花开的声音”扣动心弦。我没来得及推托，便接承下来。

经过了解，作者李鸿雁是兰州外国语高级中学的高三学生。为了“知己知彼”打“有准备”之仗，我请鸿雁晚上在寒舍会晤，聊聊她的写作意图及成长情况。因鸿雁是高考生，作业多，还要备考冲刺，时间珍贵，我们仅进行了半个多小时的交流。

在未“读”懂作者心的情况下，贸然写序，难免失之偏颇，还请多多见谅。

这是金城被沙尘笼罩的夜晚。青灯一盏阅读《花开的声音》，我的心中被“雨打风吹”去的青春之花慢慢绽放。小说中一群少男少女对友谊、爱情、亲情和真情所付出的惨痛代价令人心碎。而他们经过茫然、苦闷、彷徨乃至贸然行事后的醒悟和奋起，却令我十分欣慰。正如小说中塑造的人物雪樱所言：“月亮的忧郁清冷，星星的闪亮可爱，都在诉说着心事。若用心倾听，感慨颇深。”

我一页页地读着小说，女孩的多愁善感；男孩的单纯执著；少年不识愁滋味的快乐；少年也识愁滋味的忧伤，让我的这个孤寂的

夜充满诗意。我快乐着他们的快乐，悲伤着他们的悲伤，寻找着“我”、“雪樱”、“恺旻”等少男少女“一切都在随着时间随着成长慢慢地改变”的生命轨迹，感动着他们“因为年轻，所以勇敢；因为纯真，所以美丽”，并为他们因为年轻而付出的成长代价感到惋惜。

《花开的声音》以诗一般的语言，描写了几位中学生对朦胧爱情的痴迷与执著；描写了他们因幼稚年轻为此“乱了感觉”导致爱情、友情、亲情和真情屡屡“错位”的惨痛教训。与此同时，作者让这群天真无邪的“人物”在成长的烦恼中，悟出了爱和被爱的要义；悟出了“轻视任重道远，放任自己的感情，过早坠入爱河无法脱身”而酿成苦果的成长代价。最后，让为了爱情而放弃生命的“我”，在天堂喊出发聋振聩的疑问：“一生失败几回才知道成功的意义？一生爱过几回才知道爱的真谛？”这疑问，问得深刻而又悲壮，问得无不发人深省！问过之后，“我”变得理性而现实起来：“一切都因为我们太年轻，不知如何去爱，不知人生有多少错位，不知道错和对。而生活正用我们的错，教会我们懂得珍惜。”

这部长达 19 万字的小说，出自一位女中学生之手。但小说中对同路人生活描写的同时，作者的笔触还涉及父母生活的不易；青年人谋职、生存等方面的沉重压力。文笔空灵、老道，字里行间体现出小作者对家庭、社会和生活的责任心。小说所反映的主题是深刻的，是值得成年人关心并关注的普遍的社会问题。

我是多年报道教育新闻的记者，与专家学者及老师常谈起关注未成年人成长的话题。这一话题关系到方方面面；关系到祖国兴衰；关系到一个家庭的幸福与不幸。在一个孩子成长过程中，任何人没有理由袖手旁观，大人永远是孩子的向导。教会孩子“八荣八耻”，使他们从小树立正确的荣辱观和人生观，是全社会的责任。从这个角度讲，《花开的声音》升华的主题具有社会意义，值得不同年龄层次的读者阅读。

鸿雁长得十分漂亮可爱。瓜子脸，大眼睛，双眼皮，尖尖的虎牙,笑起来十分好看。她高高的、苗条的身段被青春而朴素的外衣包裹着,朝气和灵动四溢,使我感到了这位女孩的才气和懂事。她告诉我,这部小说是她17岁动笔,18岁截稿,19岁出书。她每次做完功课,在灯下笔至凌晨4时才休息。从初稿至定稿,是她一笔一画“爬格子”认真用笔写的。她忘不了姥爷姥姥对她的疼爱,忘不了爷爷奶奶爸爸妈妈对她的关心和养育之恩。童年,姥姥家平房前那一畦畦绿色田野,那一束束盛开的小菊花,那时缓时急的庄浪河,如诗如画,定格在她的童心中,至今挥之不去。这一切,使她从小喜欢观看花开花落,喜欢感受花儿在生命轨迹中留下的无形足印。她能歌善舞,从指挥到领唱,歌声是她形影不离的朋友。她写这部小说的目的,意在唤起同龄人应该把“最真最深的爱给予亲爱的父母亲,就这样都不足以偿还他们一辈子付出的血汗、辛劳。孤儿也好,单亲也罢,养育之恩不能轻舍啊!”懂事的鸿雁如此呐喊,想必一代人会从中受到启悟后,会懂得珍惜,懂得感恩,懂得荣辱,要懂得奋起和承担责任!

《花开的声音》虽是一位花季少女之处女作,但思想深刻,主题宏大,写法新颖,故事曲折,语言优美如诗,的确值得一读。至于前半部分故事平淡,笔触幼稚等小疵瑕不掩瑜。衷心希望鸿雁的文学艺术才华光芒四射。

2006年3月19日夜匆匆

目　录

李鸿雁　著

一

只有天知道我怎么了，爱你爱得不愿醒了，梦几分只要你的真，随你浪迹天涯一生；只有你知道我怎么了，懒懒地躺在你的怀中，爱多深，只要你的唇，吻去为你哭过的痕……

熟悉的旋律又回荡在夜空中，曾有个叫雪樱的女孩总是在守候，聆听电波中这优美浪漫的声音。习惯性地坐在软软的床上，怀抱毛毛落水熊（她最珍爱的纪念礼物），将灯调得极暗，昏昏懒懒的橙色柔柔地充满整个小屋，暖暖的。她常会望着夜空发呆。她说：“月亮的忧郁清冷、星星的闪亮可爱，都在诉说着心事，若用心倾听，感触颇深。”

女孩的多愁善感，让每个夜晚都富有诗意。甚至有种古老而神秘的意境。

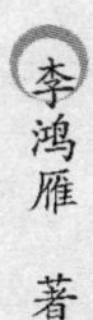

而现在呢？她终于可以安安静静地在这里好好休息休息，她太累了，为“爱”执著、无悔地付出了那么多，收获的却是……？却是满心伤痛、满脸泪痕……

所有的爱都会是这样的啊，让人开心欢笑伤心哭泣；所有的爱都会是这样，一颗颤抖不停爱人的心；多少有些甜蜜，还多少有些委屈，慢慢习惯不足为奇。

——《习惯委屈》

歌是这样唱的，唱得这么现实。

看到天上那颗孤星了吗？那是雪樱。

看到那颗孤星闪烁了吗？那是雪樱的泪！

想家了！她想回到温馨的家，想感觉家人给予的最真实的爱！别无他求。

只是。

只是……

已一无所有。

生命的最后，在记忆中重奏心曲。

那些与潇楠在一起的日子：学习、玩耍……一起牵着手儿，在上学、回家的路上，有说有笑，又唱又跳。在假期、周末，我们常常挽着手儿四处闲逛，去一个叫“忆”的音像店，那里的布置和整体色彩都显得那样的古典。更重要的是那里外卖、播放的都是些经典老歌，让人沉浸于其中，品味无穷的浪漫与思恋。我们还会去品尝冰淇淋、糕点，聊个天昏地暗。记得那店名为“心有灵犀”。

当时就冲着这诗意的名字而来的。

无论性格，还是兴趣爱好……我们都极为合拍，也难怪在一起生活，一同长大。

别看日子这么轻松、悠闲，也有忙得不可开交的时候。我们在学校除了学习各门文化课外，还参加了合唱队、舞蹈队、体操队、体育组，还经常举行比赛。也因为这个，结识了锦瑾、紫绫、敏。队伍庞大了，以后经常出来 happy 就又多了三个人。

敏这女孩性格豪爽，大方开朗，不仅这点极像男孩，就连长相也跟男孩一个样儿，聪明的她成绩也很棒，别看她整天与谁都玩闹说笑。她是我们这帮小丫头的“大姐大”,“路见不平,拔刀相助”是敏常做的事儿。

而锦瑾却与敏很不一样。她性格很开朗,但是在任何情况下都显得很成熟,用“沉稳”或许更确切些,她待人温柔可亲,对我们照顾周到,怎么来形容呢?可以毫不夸张地称她为“妈妈”。她大度,经得起开玩笑,并且成绩相当优异,简直可以用“才华横溢”来形容!

嘿嘿,这点与我有一拼!只不过她与我相比显得更细心、更专心些吧!

当然,我们这帮小丫头在一起,不单是学习、疯玩、闲逛……还会做些家务活:洗衣,做饭菜、打扫卫生……长大了嘛!现在的我们对此类事物极感兴趣,或许这就是女孩成长的标志吧!

分别就在眼前。

六年的小学生活,毕业在即,伙伴们禁不住相拥流泪,拍照留念……看到这依依不舍的情景,作为班长的我当然不能袖手旁观,于是组织了一次聚会。在老师的带领下去河边小树林子里野餐。我们吃喝玩闹,有说有笑。难忘的聚会留下了我灿烂的笑。回到了家,我捧出那些“三好”学生、“四好”少年、优秀少先队员、优秀学生干部、优秀文艺奖的奖状,看到父亲满意会心的微笑和母亲赞扬的目光。漫长的六年就这么在哭哭闹闹、说说笑笑间飞一般过去了。

那时,我们还很小,很天真!

毕业后的那个假期,我去了 B 城、C 城。享受了一番自由自在的生活,回来后依然“野性”难改,依旧整天出去疯玩,我总会给家人一个充分的理由:把握好最后的相聚时光!这算不了“油嘴滑舌”

吧！我的好父母都宠惯了我，就放心地依着我早出晚归。早晨去爬山、打球、跑步，晚上闲聊、散心……反正我什么都能说得头头是道、事事有理！父母就一笑而过，只是反反复复强调“注意安全”。

“流浪”是我一直存有的幻想，也是一种渴望。因为我觉得依照自己的性格、爱好及思想，自己适合或是说需要过那种自由自在、无拘无束的生活，觉得自己骨子里就透着这股劲儿！

不知不觉我总收到一些“信件”、“小条”，那时，单纯傻气的我什么都不知道。当别人传言我与×××好上了，我都不明白“好”是什么意思。当我知道自己涉人“恋爱区”后才恍然大悟，怒气冲天，觉得这无聊的事情搞得我很没面子。可笑的是面对这些事我却连选择自己感情的自主权都被剥夺了。我的拒绝竟给自己换回一个巴掌——追求我之人的一个巴掌！当时的我是多么坚强：捂着烧疼的脸，恨恨地盯着那个人，一滴泪也没流！长这么大，还没有一个人碰过我一指头，那天，终于让我品尝到这“饼子”的苦味，我感到既委屈又痛。但我不认输不显弱，我将这耻辱、不公的烙印放在心底，放在最底处，沉浸在委屈的泪水中，让它们清晰而又模糊。我在星月下立誓——上学期间绝不恋爱！这“恋爱”太恐怖，太可怕了！让人受不了！眼看就要开学，提起这些，我又迷失了方向。

收到重点中学的录取通知书时，那是怎样的情形？是继续失落，继续梦想，选择流浪，还是重整旗鼓，努力专心地学习？对于我来说真的很难抉择。

“重点班第二名，60人里头遥遥领先，重点中学里设施既新又好……”在父母、同学的再三劝说下，我终于开口：“我要上学！”但转了班我执意要和敏、锦瑾在一起。不明其因的父母在叹息中最终还是依了我。他们并不知道我为什么会这样，只是叹息，只是无奈。

可对我的任性他们奈何不得。

新的学期、新的环境，结识了更多新的朋友。

有与我同桌的“玻璃蛋”，后排的寒皓、敖翔……当然也少不了恺旻。我们一起晨练，一起学习，一起吃饭聊天，一起看夜空中的星星……嘻嘻哈哈，疯疯癫癫，热热闹闹，欢乐无限。学会了骑车、打台球、学电脑、滑旱冰……也许在别人眼里，我这种女孩太放肆，太叛逆，可我们这群“80后”们才不在乎呢！我的心情极度郁闷或极度愤怒时，常会写字条儿来自我安慰、自我发泄。总会潇洒地写下：走自己的路，让别人说去吧！只要有时间，我们会习惯性地去“藏酷”pub，那是过去的一个同学开的。我特别羡慕他的无忧无虑、休闲轻松。说真的，“藏酷”真的不错，里面没有杂人杂事儿，就纯属这群孩子们的天地，唱歌、跳舞、喝茶、聊天……或品尝冰淇淋、爆米花，或冲一杯热咖啡，同时听几首经典老歌，在蓝紫色、水红色、翠绿色……暗淡的灯光下，浪漫的气氛让人陶醉。

因为年轻，所以勇敢！因为纯真，所以美丽！

面对别人奇异的眼光、别人的指指点点，我们可以不哭，不在乎。而面对父母的约束，我们却不能置之不理，但是，因为纯真，为了向往和追求，我们却依然义无反顾！

“年轻没有失败，成长不相信眼泪！”

那时候天总是很蓝，日子过得快乐而慢，我们把平平淡淡而又与众不同的生活编织成一首首动人的歌，唱给远在他乡的潇楠，要是她也能常来，一起分享这份快乐该多好啊！我常常这样想。

二

现实是最残酷的啊！

什么是顺其自然？又如何面对现实呢？

假期和潇楠的一次会面，我们两人怎么都变得深沉、忧郁了呢？尤其是潇楠。她与我很少出来吃饭、聊天、闲逛了，不知道都在忙些什么。唯一一次的闲暇是在我家大院里，那天院里空寂，天冷得出奇。

“樱子，我不想再回去了。”说这话时，潇楠脸上的笑容渐渐消失。

“干吗不去呢，学总得上吧？傻子一个！离开家人独自在外才好呢！没人束缚你，再也没人在你耳边唠叨，独自一人才够 happy 呢！”我只顾看着天上的星星，羡慕地说。我的这番话分明是对这种生活的向往。

“你真的这样想吗？”

“你看我像是说假话吗？”笑笑后，我认真起来。“我羡慕死你了，楠，你可以离开家独立生活，我真的很想和你一样！”

“樱子，说真的，离家的生活不好过。离家的我，特别特别孤独，特别想家，想你们。以前什么都不懂，现在真的是体会到思念之苦、牵挂之痛！”潇楠眼中多了几分忧郁。

“想家?！哎呀，我说楠啊，你可真够傻瓜的，家有什么可想的?这都什么年代了，还说这个，老套！要是我啊，才不想呢！自由的天地里才懒得理会他们，‘学习，学习！’烦死了。和朋友整天在一起才好呢！”

我认真地发完感慨后就沉浸于自己的憧憬中，紧握住潇楠的手，靠在她肩上：“楠，这些日子真的好想你。我认识了好多新朋友，整天在一块儿好开心啊！我学会了骑单车、滑旱冰，还学会了打台球，玩熟了电脑。真的，我们一群人走到哪儿都嘻嘻哈哈打成一片，说说笑笑，还常去一个叫‘藏酷’的酒吧。”我激动地讲述着那些无忧无虑的日子里的每一个故事，看着我眉飞色舞，潇楠羡慕得不得了，但她还是皱了皱眉，想要说什么，却被我打断了。

“别这样，楠，我知道你又要像老爸老妈一样，说：‘学习怎么样了？要好好学习，作为学生一定要主次分明！’哎呀，我都让你腻住了。”我绘声绘色地学，还撒着娇要潇楠别唠叨，逗得潇楠哈哈大笑。

“好了好了，樱子，我都让你给气死了！”潇楠捂着肚子大笑，白了我一眼，埋怨我呢！

“早点儿走，快滚开，离我远点儿，当……”我真是个捣蛋鬼，竟哼起哀乐来了，气得潇楠直跺脚，接着两人仰着脑袋，大笑起来。

“楠，别走了，留下来吧！”我突然严肃下来。

“好啊！你说留就留呗！”潇楠笑得话都说不出来，还以为我又逗乐子呢！

“楠，说真的，你留下来好吗？别走了，留下来与我们一起学习，一起玩！真的，这样你也不用孤单地哭了。”潇楠看到此时严肃认真的我，眼泪便吧嗒吧嗒地流下来，一点儿笑都没有了，目不转睛地盯着我。

“楠，我特别想你——”我也终于忍不住哭起来。两人紧拥在一起。

潇楠轻轻拍打着我的背，“我也不想走，想留下来，加入你们快乐的生活。那儿的日子真的让人受不了，枯燥、乏味、无趣……”

这一夜过得好漫长……

开学这天，我与锦瑾早早奔到潇楠家，潇楠正在收拾行李。“楠，留下来吧！”说着，我们跑过来抱住了潇楠。“留下来和我们一起学习，一起玩吧！好吗？”三姐妹哭了。潇楠的母亲和爷爷奶奶看在眼里，也不舍，也感动。经商议，终于决定让她留下了，三姐妹紧拥在一起，含着泪笑了。

潇楠转进了我们的班级，同样的老师、同一校园、同一楼层、同一居地，知足了。“知足者常乐”是潇楠的口头禅。

接下来的日子同以往一样，嘻嘻哈哈，打打闹闹。一样的校园，不同的欢乐。

三

多份欢乐的同时，也添了不少烦忧啊！不是扫兴这么说，事实如此嘛！成长?！提起“成长”，我便禁不住羞得脸颊微微泛红。花开的声音，又是怎样的呢?

说来也怪，那伙人里，我最反感的就是恺旻。这男孩高高大大，头发微微卷而发黄，双眼皮，长睫毛，看起来的确有几分帅气。常常穿白色T恤、水蓝色牛仔裤。看到他在球场上无忧无虑地打球，看到他在过道里打闹时可爱、淘气的样子，也就不觉得他呆板老气，至少“成熟”从他这个“大块头”身上，找不到一丝影儿，反倒显出几分聪慧。还有那与生俱来，却从不张扬的贵族气质，因而使他很讨人喜欢，喜欢他的女孩子很多。

你看看我上课吧，总会从自己第三桌望向对角线那头“天涯海角”之地，朝安静教室内喋喋不休、眉飞色舞的恺旻狠狠瞪上一眼。我讨厌恺旻在课上捣蛋。因为这样他常会成为班中“焦点”，搞得四下沸沸扬扬。要不，老师就罚他回答一个个稀奇古怪的问题，一旦有差错，我可就成为替罪羊了，来给他更正、补充。由于这些星星点点的原因，我根本不愿理会他。

后来，我的身体状况一天天差下来，成绩也上不去了，主动要求调到最后一桌。靠着窗，太阳光正好照在身上晒得人暖暖的，可以舒舒服服睡上一觉，也可以趴在那儿看看书，写写东西，想些事情。我开始变得安静了，不再像过去一样疯疯癫癫了，开始喜欢静静地观赏窗外的风景：一片片绿油油的麦田、黄灿灿的油菜花、湛蓝的天，还有鸽子飞过……而后想好多好多。我习惯躲在教室一角或校园的几棵大杨树下看书，好多故事让我时不时皱眉，或大笑，或流泪。我疯狂地喜欢上了粉红、淡蓝、紫的色调以及编织这种色调的梦想，变得出奇地安静、忧郁，后来居然还习惯了时不时向恺旻瞥一眼……我这是怎么了？

如今，每每看见恺旻，过去的反感竟成为心动，加速跳动的这颗心，无法呼吸；过去的瞪眼竟成为闪躲，无意间的相视，这羞涩的眼，不知所措；过去的远离竟成为企盼、渴望……渴望他高大身影的出现，却又不敢坦然相对。课间，他的顽皮可爱；球场上，他的飒爽英姿；聚会上，他的豪爽；生活中，他的潇洒无虑……无不成为我眼前的美景，甚至是他的神情、笑容……都会成为我心中奇葩。看到他与其他女孩子开心逗乐，伤感之情便油然而生……终于证实了自己的感情，原来，这些天来的"特别注意"，是因为已悄悄喜欢上了他，那个令我厌烦头疼的"坏"男孩——恺旻。

日记里开始频频出现他的名字，有对他的所有感觉，所有想说的话，有无意相视而笑带给自己的羞涩，有一句问候带来的感动，有毫不在意带来的失落，有好多好多成长的心灵故事……

每个夜晚都那么漫长难过，对他的思念越来越浓，挥之不去；每个夜晚都用心祈祷，希望与他携手并肩……没有星月的一个夜晚，突然想起了一年前的誓言——上学期间绝不恋爱！为此，我久久难以入睡。

以后的日子里，我常看到恺旻坐过来与周围的男孩子嘻嘻哈哈，每天过来在我身后唱一句不变的歌：“我等的船还不来，我等的人还不明白……”他暖暖的笑开始融化了我冷却的心，抚慰了我的伤痛。六月，在敖翔与紫绫的苦苦追问下，耐不住性子的我将自己压抑已久的感情一吐为快。“月老”、“红娘”忙开了，带回来恺旻一句话：“明天会给她一个满意的答复。”这个臭小子可真会玩，一个“满意”就揪碎了我的心，当时害怕得不得了。换了谁不这么想？他如果拒绝，“女追男失败”沸沸扬扬传出去，那简直让我无地自容了！又是一夜无眠。

期待一切都 OK 吧！

但愿玫瑰为痴情而驻留！

六月十一日，一个晴朗的早晨，在巷子口，意外地看见了他，我紧张得不知所措。上学路上两人一路无语，沉默着，除了那怦怦的心跳声和那羞得烧红的脸，真真切切听得到、感受得到。我还在想“满意的答复”。

早餐后的一节课，在文具盒里，我意外发现了一封被叠成双心的信，回头看见敖翔在一旁诡秘地笑，我羞涩、慌乱，一早晨无语。那封信静静地躺着，迟迟未看，甚至是连文具盒碰都没敢再碰。做练习时，用的笔都是硬着头皮向同桌借的，当时他还用奇怪的眼神看着我。

早晨收到的那封信，直到中午回到家才小心翼翼地打开，躺在

床上一字一句认真仔细地看过。一遍，甜美羞涩的笑；两遍，幸福得意的笑；三遍，感动得泪流满面，竟睡去了。

听到有人叫我，便睁开睡眼，蒙眬中看到一张笑脸，揉揉眼睛，才看清是潇楠。

“你什么时候来的？”我很吃惊。

潇楠笑笑，看着我。她的眼睛水灵灵的，的确很美，可是我看得有些心不在焉，眉头皱起来四下寻找着什么。

“咦？哪儿去了？在哪里呀？怎么找不到了？”我着急地跳下床，气得直跺脚。这会儿的我啊，哪顾得上身边的潇楠啊！

“找什么呢？急成这样子！”潇楠坐在一边不慌不忙地问。

“你不知道，我的日记，我的信——我的——哎呀！怕是被妈妈拿去了，我——我怎么就这么笨啊！”说着说着，我的眼泪便吧嗒吧嗒流下来了。

潇楠忍不住扑哧笑了。“噢！日记和信啊，我还以为什么呢，大惊小怪的！”

“你！——讨厌！那可是最重要的东西，那信是恺旻写给我的，你知道吗？你笑什么啊！”白了潇楠一眼，我不再理她了。

“什么啊？看看是不是这个？！”潇楠从身后拿出来，在我眼前一闪，笑道：“粗心鬼，幸亏我救了你，怎么报答呢？”

一场虚惊。

“报答？！拿来吧，你！臭美！”我也笑了，脸上还挂着泪呢！

“不给！”潇楠躲开了。

“快！还给我。”

“不给！”

两人满屋子地追跑，大叫大笑……

"你俩别闹了，疯什么啊！看看表，快去学校！我洗好了苹果放在桌上，记得带去。"妈妈在外面敲门。

"知道喽！"两人吐吐舌头相视一笑，背上书包，一溜烟跑了。

路上，潇楠看着恺旻写来的信，听着我自言自语。她惊奇的是，我竟能将信的内容原原本本背出来。一路上，两人打打闹闹，说说笑笑，大口吃着苹果，那苹果水甜水甜的。

接下来的日子里，在上学路上，我会不经意碰到骑单车的恺旻。再后来，恺旻同敖翔常会在巷子口等我。恺旻变得寡言少语了，只是骑着单车随着我们慢慢地走。我们不再像从前毫无顾忌地开怀大笑，追跑打闹，而更多的是温柔的问候、关怀。平平淡淡，不像恋人，也不像朋友，可我却觉得无比幸福……我们的恋爱单纯，没有月夜树下的呢喃，偶有几次牵手。仅有的一次拥抱，还是在收到那封信的第三年的时候。那夜下雨了，好久没见面，我沉闷得不得了，一个人在院里听着雨声漫步。在大门口意外地碰见恺旻，他也在漫步，他来找我，说好想见我一面，情不自禁，紧拥在那夜。仅一次最亲密的接触，就拨动了心弦，久久不能平静。在旁人看来，我们的恋爱无味得如同凉白开，但我们却暗自品尝着这与众不同的美滋味。

这就是我的初恋。

四

一切都在随着时间随着成长慢慢地改变。

因为上次转班的缘故，我的班主任一直对我没有好感，无论成绩如何地好，如何为班级争得荣誉，老班还是不把我放在眼里，要么就想方设法找点小毛病，要么就索性忽视我的存在。我这个女孩看似文静、温顺，但脾气可大着呢！又是个心直口快的人，哪里受得了老班这等“优待”啊！这三言两语的，便和老班闹僵了。和老班闹僵的结果如何呢？用脚趾头都想到了——请家长！

老班一人偷着乐呢！因为他的告状理由是“早恋”。每次都在大办公室训斥、批评父亲一番之后甩手而去。父亲可是省上的高级领导，不但对待工作认真负责，而且为人正直、忠厚，待人礼貌大方。但于他自身而言，还是很封建保守。经老班这么折腾，流言蜚语在这小地方很快传开了。你想想，对于非常自尊的父亲能受得了吗？他想到了给我转学，但又顾及我的想法和感受，一直拖延着，迟迟未语。

盛夏已过，我学习的热情也随之消减，因为老班的多事而失去了信心，认为在这里下去迟早会被口水淹死，也在想是否可以转学，换个环境试试。反正是第一次，也很刺激很好玩的。可是又考虑到父亲的态度，还有那张威严的脸，“嗯”一声都让人发抖，哪敢再往下想，哪敢告诉他啊！所以一直拖着，就当是个梦，自己梦着！

看看我的表现吧。

上课不是睡觉，就是看课外书，或是与四周人物聊天，或是吃点东西，还放肆到唱唱歌，做做小手工，还迷上了什么星座、生肖以及一些乱七八糟的八卦、占卜。

剪成了短发，换上了牛仔，还练就了好大的酒量，“义气”地打过两次架，写过检讨，记大过两次，但我依然像个无事之人。

那时候，紫绫常陪我一起“选择性”地逃课，然后去母校看看。坐在教学楼下的田地里，捡拾、细数过去在这里的点点滴滴；倾听田间地头虫儿扑翅的声响；倾听路边风过梧桐低语；倾听校园内欢快的声音；倾听朗朗的读书声，幸福歌声；倾听心跳声，加速，加速……痛啊！痛的时候两人叹息，漫步在树林深处、河边，追忆着往昔。乐的时候，两人欢笑打闹，骑车在空旷田野上、大路上疯狂！感受扑面而来的冷风，感受风吹干满面泪痕后的感觉。两人还经常手挽手唱些熟悉的老歌，什么《水手》，什么《永远》……可是“水手”到底有多坚强，“永远”又有多远呢？多少人能理解？多少人能诠释？潇洒的我放弃什么、失望什么了吗？

没有！

其实我也是个聪明的孩子，干什么自己心里清楚，我要让老班看清楚，他认为我是“破摔的破罐子”，但是我要让他知道，我是名副其实的“好罐子”，我要用自己的实力打拼，赢得轰轰烈烈的掌声、喝彩。

但是，我同样感觉到身体的“折磨”，越来越支撑不住了，所以，看得开一切，微笑着面对一切！总感觉自己将会失去什么。

连凄凉的秋都已逝去，干冷干冷的天，光秃秃的树木……校园内了无生机。

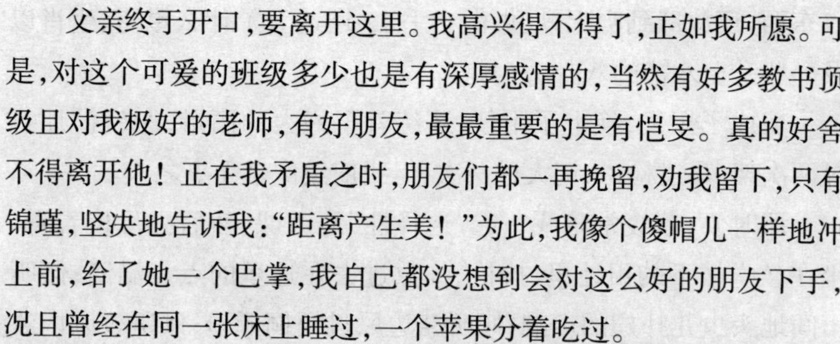

父亲终于开口，要离开这里。我高兴得不得了，正如我所愿。可是，对这个可爱的班级多少也是有深厚感情的，当然有好多教书顶级且对我极好的老师，有好朋友，最最重要的是有恺旻。真的好舍不得离开他！正在我矛盾之时，朋友们都一再挽留，劝我留下，只有锦瑾，坚决地告诉我：“距离产生美！”为此，我像个傻帽儿一样地冲上前，给了她一个巴掌，我自己都没想到会对这么好的朋友下手，况且曾经在同一张床上睡过，一个苹果分着吃过。

理理思绪，我说，总觉得锦瑾那么虚伪，作为好朋友这么久没有一句实言。她喜欢恺旻很久了，从开始到现在，可她又不去表白，也不吐露一点声色，而后恺旻和我走在了一起，她又在更近距离里表现自我，反而对我指指点点……行了，不多说了，反正，忍了这么久，我终于爆发了……

走的那天，去了班上，拥抱、亲脸、握手，流着泪却都强装着笑，没有言语，在全班同学的目送中，我终于更真切地体会到“友情深重”和“珍惜”，知道了什么是“失去后才知道拥有的珍贵”。真不想走了，但还是挥挥手，转身头也不回。

拎着送别礼回来，有潇楠的一面镜子，铁蛋的几盒英语磁带，寒皓、敏、敖翔等好多人的贺卡、信件，还有紫绫的两片精致的红枫叶……还有锦瑾的一张光碟，都是我最喜爱的歌曲，我和锦瑾握手言和,没有更多言语,单是那眼神就含了多少的歉意、感激,毕竟是孩子嘛。

我还收到一份特别的礼物：精美的小礼品盒——五朵玫瑰红的金边小花下衬着白底红格子的彩底，桃形红心内写有一个大大的“缘”字。看到这么精巧的盒子,我感动不已,小心翼翼地打开,有一个精巧的透明罐,是两只小熊依偎在一起的形状,头顶上有一排小黑字:真的好想你！罐内装满了蓝色的小星星,还有彩色的相思鹤,月光下它们一闪一闪的。望着这些可爱的小东西,我不由得泪流满面,却又傻傻地笑,想象着这个调皮的大男孩做这些精工细活时的情景。突然,想起那年星月下“上学期间不谈恋爱”的誓言,低下头涨红了脸。

成长就是这样,没有绝对的东西,珍惜所拥有的,才是最重要的。这也是现实。

礼品盒里还有一封恺旻的信,简短而真实,一句“心会跟爱一起走”足以温暖我的心。乘着车,颠簸途中,我甜美睡去,准备以一张神采奕奕的脸去迎接新一轮的太阳。

快乐、大胆、真实、叛逆的初中生活就此结束,时光飞逝啊!

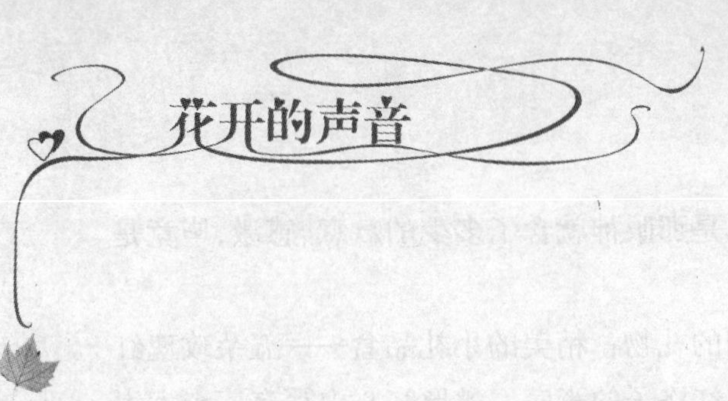

五

父母原本是让我去澳大利亚表姐那儿，或是法国姑姑那儿，接受西方的开放式教育与学习，发展我的特长，这可是很难得的一次机会。为此，家里为我攒钱，一切就绪，我却中途变卦，选择了内地一座城市，父亲气得直叹气，我却肯定地说："我绝不后悔！"这说一不二的犟性子一上来，谁拧得过呢？这一次我与父母吵架了，吵得很厉害。不过，话又说回来，谁有这么好的条件，这么好的机会不去珍惜呢？这可是我一直以来最大的梦想。我？我……我放不下恺旻啊！这一走要多少年头才能回趟家？要如何与恺旻见面，如何联系？当然还有那些"兄弟姐妹"，要离开他们，想想都让人发抖！那么的爱恺旻，那么在乎他、牵挂他，就这样生活在一个小城市里，都每天念着他、想着他、梦着他，总怕自己稍不留意，他就消失不见了。要选择去另一座城市，想想都揪心，还是放弃自己的梦想吧！

从父母谈话中偶尔得知自己的身世，于我而言，是一大震惊。原来我这讨人喜欢的出色女孩，这个人人羡慕、人人夸赞出生于幸福家庭的女孩是一个孤儿，具体说，是个弃儿。

电闪雷鸣！

天旋地转！

从头说起。其实，我是被姨夫从部队后边的那块地里抱回来的。

那时正值八月秋收之日，姨夫一家四口人和战士们一起帮农民劳作，田间地头传来孩子的哭声，他们循声赶去，看见一个小破纸箱内单薄的一个破毯子草草地裹着一个女婴，婴儿用力地哭着，那小脸，包括那小脖子都给哭得累得通红，凉凉的秋风，冻得孩子直发抖，哭声开始哑而间断了……

姨夫是部队上的干部，自然常常带战士去帮农民干农活，这叫“军民一家亲”。

这夫妇俩也是上了年纪的人，吃苦过来的，怎么能不心疼这小可怜啊？看还是个女婴，他们更心疼。在这落后的小县城，遗弃女婴的事也不知有几桩了。就在政府大门口，再或者就是广场，或商店门口，孩子多少也有个着落，可谁这么狠心把孩子扔在这荒地里头？

“真是坏了良心，坏了良心哪！”姨夫长长地叹气，躬下身子，抱起孩子，孩子哭声小了，睁大眼睛看着他的胡子脸，小胳膊小腿晃了晃，乖乖地贴在姨夫宽大的胸膛。

“这么漂亮的小女孩，看她那双大眼睛，忽闪忽闪的。还有那小嘴巴，一张一张的，准是饿坏了！”说着，他笑了。粗大的手指在孩子粉嫩的脸蛋上摸了摸，孩子眯着眼用力蹬开他，用手来回乱抓，他更乐呵了。

“老婆子，咱把这小丫头抱回去养，你说怎么样？”姨夫用一口浓重的方言说道，“哟！快快，孩子受罪了。快回家吧！老婆子，收拾东西！”姨夫紧促的声音，催得姨团团转。

“怎么了？”她才回过神来，也跟着姨夫紧张起来。

“怎么了？你来摸摸?！”姨夫白了她一眼，拍打着婴儿冰凉冰凉的小屁股和湿透了的裤子，心疼地亲亲她的小脸。“受罪啊！”他又长叹一口气。

“来来来，我抱抱，哟——这么难受，赶快回家吧，咱。啊，老头子？”姨向前走去。

姨夫点支烟狠狠抽一口，过一小会儿，又狠狠吐出烟圈“走，老婆子！”他拎了东西，大步跟上去。

万家灯火点亮了，孩子们酣然入睡，老两口子还在小院里踱着步子。最后，商量来商量去，考虑到经济问题，姨就决定把我送给我现在的父母。

“老两口正没事儿可做，送去个孩子给他们，还能逗乐！不是还有你妹在家吗？你看送去行不？”姨夫看看姨的脸，见她不出声，便点了支烟。

其实姨也蛮为难的。两位老人年过六旬，生活也紧张得要命，还要带个女婴，经得起这么折腾吗？会不会给老人添麻烦呢？可是，看看睡得香香的宝宝，姨还是难过啊！难道再扔了不成？家里也困难，因为自己还有三个上学的孩子。

此时，房子里静极了，姨夫来回踱着步子，让人心烦。

“就这样吧，明天我们送去，送到我爸我妈那儿。”姨终于开口了。“要把孩子养大，既然抱回来了，就好好抚养！”姨用家乡话说着，听起来都让人觉着亲切、舒心。

这一送去就生活了三年。其中陆续来了刚出生的家孙子和外孙女。三个小孩里，就数小女婴最乖巧、可爱了，还很聪明。一家老小都喜欢得不得了，都爱逗、爱抱这不哭不闹、笑嘻嘻的宝贝。说来也怪，我八个月时就会走路，一岁就能清清楚楚地叫出爸爸、妈妈。

瞧！这都长到三岁了，该有个确定的父母，确定的家，该去幼儿园了。可最合适的人选是谁啊？两老人在两儿五女中瞅来瞅去，觉得三女儿不错。首先，三女婿人顶好，性格、脾气都不错！他和女儿关系也好得很，从不吵架，再说，经济条件也是姊妹中最好的。这样，孩子跟了他们不会受到什么影响，毕竟是知识分子家庭嘛！再者，三女儿刚生的儿子夭折了，心灵上受了不少打击，有了小女婴，或许能抚慰抚慰她。

姜，还是老的辣啊！

两个年轻人答应抚养这个孩子，还取了个很有意义的名字——“樱”。在反映她身世的同时，还寄予她无限的希望！那女孩就是现在的我。可是过惯了田间、地头自由快乐生活的我哪里会跟我现在的父母他们进城啊！不过后来幼儿园这个地方吸引了我，也就妥协了。因为父母每逢周末都送我去外公家里住，也常常带我去山上摘枸杞子，说是要给外公泡茶喝。所以小脸蛋总挂一丝笑，仰起高高的头，自豪地告诉大家：“我喜欢坐着小篷车，让外公推着去站台看火车；我喜欢被外公带着，自己去地里头挑野菜，去河边树林里采蘑菇；我喜欢和外公外婆在一起无忧无虑地生活！”稚嫩的童声一出，更显得可爱了。孩子嘛！永远这么天真无邪。

别又扯太远。

现在，我突然莫名地产生了恨！浓浓的恨！却不知自己的“恨”对谁而言。突然间觉得一切都像是在演戏，却又好似梦境，那么真实而又虚无缥缈。悲哀啊！整夜失眠，常想起外公，想起外公所给的关心疼爱，给我的快乐、自由的生活环境……去世的外公，您知道这思念的心儿吗？感受得到这小小心灵深深受伤而忍痛的呼唤吗？

泪不停地向外涌，我开始觉得自己的存在是个错误……

“我明白了，一切都明白了——八月，美丽的八月，真不愧为我出生的时节，收获的时节啊！的确，我收获不小！”苦笑道：“秋?！呵！每一片叶子都飘落下来，寻找心爱的人，回归温馨的家？而我呢？无论是心爱的人，还是温馨的家，却都要含泪面对分离！还傻傻地自个儿玩新鲜。这回可真玩大了，玩得一无所有！”伤心的我现在只能叹气、懊恼、哭泣！那么疲惫，头脑、内心都乱成一团麻，那么后悔自己当初选择的路，当初为什么要选择离开，为什么走？为什么啊?！总在一遍遍问自己，一遍遍地责问自己！知道吗？这么痛苦的反思之后又做出了轻率的决定，又继续着一个可怕的故事！

在我转去的那个班里有个外地的男孩，非常的热情，执著地追求我。男孩十分聪明机灵，别看他个儿小，黝黑的肤色充分显示了他超强的体力，歌也唱得特别好听，仔细看他神情觉得他就像一个“浪人”。他叫绿茵，虽很优秀，却是个古怪出奇的人，可能与他的家庭背景有关吧！孩子们都躲着他，可善良的我却对这个单亲家庭的“怪孩”很好，因为觉得他挺可怜的，于是，听他唱歌，听他倾诉。

大家都说他是个野气十足的人。起初我还不相信，但事实上，说他“野”一点儿都不夸张。在校的神经质举动表现暂且不谈，就说说后来一段时间里发生的一件可怕事儿。尽管时间太久未有人提及，是怕触痛我的心，怕我怒火大放，怕我又不停流泪，不吃不喝……但是也总不能让丫头自个儿怀着一肚子的委屈和怨气吧！快瞧瞧，这话还没出口，我的泪已吧嗒吧嗒地流下来。本还以为离开家，逃到学校就万事大吉了，可是……

六

那个圣诞节。

平安夜里下了一场大雪。圣诞那天，雪后的校园一片宁静，银闪闪的一切看在眼里都有一种温馨感，还有一种浓重的思乡感。忙完了一天的功课，傍晚时分回到寝室，舍友们有打电话的，有给友人写信的、做贺卡的，有与心爱的人呢喃低语的……首次离家在外生活的我，此时此刻，倍感凄凉，拿出报纸趴在床上一个人无聊地翻看起来，看到一则有关家庭暴力——母亲暴打孩子，孩子一气之下自杀的消息，突然想到了久违的紫绫。不知道她现在过得怎么样，还好吗？陪了我那么久，现在只剩她一个人在小县城，日子怎么过的呢？说到这儿，我先介绍一下紫绫吧。

她出生在一个"非同寻常"的家庭。父母不是知识分子，不是高官，更不是贵族，只是过去靠开舞厅赚了不少钱，那时候紫绫还蛮风光的，吃穿比谁都好！所以喜好音乐的母亲送她去学钢琴。其实她本人并不爱音乐，可以说压根儿没这方面的天赋，体育是她的酷爱，也是她的特长。唉，爱也没办法啊！不过也蛮不错，那时钢琴能过八级，这水准都是给逼出来的，能这么坚持也不容易啊。后来，父母不做这行了，父亲去开公车，母亲随车售票，也因此成为当地有名的“厉害嘴巴”。紫绫那小公主也就变得盛气凌人,傲气十足,慢慢地也就没有朋友了,也没有谁敢与她交友,因为她母亲太苛刻。

说起她母亲的苛刻,长大的她也气得流泪,张口闭口命太苦。紫绫母亲要求她每天必须准时踏着铃声上学，放学后必须在规定时间内准时回家。而且,回家后第一件事儿就是检查她的衣裤兜、书包、文具盒内……有没有字条呀,有没有别人的东西呀,有没有多什么、少什么呀？……否则——赏皮带炒肉丝！而此时的紫绫却眼睁睁地不能制止,不能言语。母亲给她的交友条件是:1.女生。一定是女生！2.成绩优异,乖而可爱且不与男生言语、交往的女生！若与不合这条件的人来往——赏皮带炒肉丝！……天哪,谁受得了?!就旁人听一听,看一看都觉得那么不公平,那么残忍,更何况是一位成长中的女孩?!

我看不惯紫绫独自承受家人给予的委屈，这是一个多么沉重的包袱啊！所以时常陪她聊天,安慰她,哄她开心……渐渐地两人成了非常要好的朋友。再后来就成了同桌,成了形影不离的知己,成了文艺汇演的黄金搭档,成了患难之交的好姐妹。没多少日子,活泼开朗的紫绫又开始沉默寡言，眼泪汪汪了。看看她红肿的眼睛、歪腿的镜架、开着血口大笑的手背、紫花遍开的大腿,不难清楚准是又被打了。让人吃惊的理由是:雪樱与男孩交往,而她又与樱靠得很近。听到这个,我差点晕了过去,这简直是没有理由的理由。可这位“伟大母亲”却拿着这块招牌去老师那儿,去朋友那儿想尽一切办法让我俩分开,她就生怕我把紫绫带坏了。我哭笑不得,想起老师严肃告诉这位无理取闹的家长的话:“我告诉你，你想要的那种女孩,在当今社会是没有的！”

“吁——”舒一口长气，算算，离开已有三年多了吧！又拿过相册，翻看里头那一张张熟悉的笑脸，一个个精灵古怪的姿势、表情……泪随之而下！

此时，月已悄悄爬上树梢，雪把星星擦得透亮，银色的光芒跳进屋里。屋里的人依旧各自忙碌着。点支红烛，我也给自己找点事儿做。用心折叠出一颗颗星星、一只只纸鹤，放入晶莹透亮的玻璃瓶里，叠出的是牵挂，是祝福，是心愿！我微笑着，跳跃的烛光中映现出带泪的笑脸。

可事实是，根本无法预料将要发生的事，魔鬼看似遥远，却在不知不觉中悄悄来到身边。

突然间，有人撞开门，冲入寝室，听到齐声尖叫，我震了一下，刚要起身，想看看究竟发生了什么事，就觉得从身后扑过来一个人，紧紧抱住我，吓得我闭着眼睛惶恐地大叫，可是没有人制止，没有一个人！用尽全身力气推开他，又是拳打又是脚踢，才看清他就是“野人”绿茵，他嬉皮笑脸地凑过脸来吻我，更加惊慌，实在拗不过力大无比的他，索性一翻身从上铺跳下。在场的人竟然都无动于衷！我眼泪哗哗地向门外冲，可是被另一个男孩死死拦住，眼看绿茵就过来了，我很无助地爬上好友格格的上铺，她已经睡了，我想绿茵不会那么无理的，于是立马钻进格格的被窝，紧紧抱着格格，不停地喊着：“格格帮我，帮帮我！救我啊，格格！”格格也怕得要死，两人紧紧地抱在一起，都怕得要死。绿茵竟然又爬上来，两女孩吓得大叫着，一起将他推下去，哭得伤心极了，终于叫来警卫把绿茵带走了。

那一夜，我无法入睡，谁都无法入睡。我坐在窗台上，吹着冷风，伤心地哭，死命地哭，真有从五楼跳下去的冲动！可是又特别特别想念恺旻，想念朋友，舍不得他们啊！我恨自己选择离开，恨自己选择这鬼地方，恨我的来历，恨那些冷漠麻木的室友，恨！自己差点儿被糟蹋了，差点儿被毁了，恨自己为什么会活下来，遭受命运的摆布与折磨！为什么?！不过我为自己的思念而庆幸，思念救了我啊！一夜没合眼。

第二天，没参加考试，也不在宿舍，一个人在学校林子里呆坐在篮球架上望着高墙之外，望着天空，冷啊，不停地打着战。想了好多好多的事儿，哭了！

自此以后，只要有那“野人”出现的地方，我一律不出现，也因此很少去上课，饭也不吃，也很少睡觉，因为一躺下来就有强烈的恐惧与不安，那天的一幕总会不经意地出现在眼前。为此，我换了房间，换了床位，绝大多数时间自己在寝室过。我开始变得孤僻、古怪，拒绝与任何人见面、讲话、相处，拒绝任何人的关心、问候(我觉得这些人虚伪至极)，几乎成为植物人，如果不是有泪落下来，不是时而叹气的话，真没有人相信我还活着。

绿茵曾来过几次，都被拒之门外。后来有一次他竟又撞门而入。当时心里头那只兔子发了疯地乱跑乱跳，让我做好了一切逃亡的思想准备，心中还不停地呼喊着：“救命！”

“出去！”我厉声吼道。见他无动于衷，于是示意格格带绿茵走，转身不再理他。过会儿，听到一声响，我心里头一沉，想看看究竟怎么一回事儿，但又想，一定不能给恶心的绿茵好脸，所以抑制自己强烈的好奇心，听见对话：

“你快回去吧！别再烦她、惹她生气了。”格格好心劝他。

“她怎么了？怎么不理我呢？”他倒挺疑惑不解地问。

“怎么了?！你还有脸问啊！不都是你惹的祸？快走吧！”格格口气更硬了。“快走吧！你怎么还不动。”

“我想让她把饭吃了，不吃不行啊！”他挺关心地问，还说：“雪樱，你多少吃点东西吧，不吃不可以的。快起来吃点东西吧，别这样，好不好?！”

听到这话，我又来气了。

“快！快起来吃点东西吧！别生气了，怎么不理我呢？”他又开始纠缠，可对于这假装温柔的话，听起来怎么那么让人恶心。我立马起身下床，看见的是：

他低着头，跪在我面前，双手捧着饭盒，盛满了饭菜。见到我起身，他立马抬起头，眼里流露出一丝希望、喜悦，他刚要开口说什么，我走过去，接过饭盘，盖在他脸上，“给我滚！滚出去！”我大怒，眼里喷着火，甩身上了床蒙上被子。

一脸饭菜渣子、狼狈不堪的绿茵仍然无动于衷。“你不吃，我就跪在这里不起来，就不出去！”我们谁也不会想到他的“执著”。

“快出去吧！她真生气了。快走吧！”格格急急忙忙赶他出去，连拉带推。

“不！她不吃，我就不起来，不走！”哇！他坚定不移，稳稳地跪在那里。

“快！快出去，听见没有，你非得惹出什么乱子来才安心是不是?”格格没好气地推搡他。

听着听着，我气上头了。“滚！都给我滚！滚——全滚出去！”我嘶哑着嗓子大吼道，而后蒙上被子睡了。

七

好不容易熬到周末，回到家中，蒙头睡了一整天，结果因为吃饭的事儿，和母亲大吵一架，赌气出去了。冬天的晚上飘着星星雪花儿，天干冷干冷的，我漫无目的地踱着脚步，涩涩发抖，思绪凌乱。

正在无助的时候，遇见了一个人，一个让我感到无限温暖的人。当我们的手紧紧相握，不约而同地说出："你好吗？"那期盼、欣喜的眼神倾诉彼此的思念。"潇楠！"我的泪便再也忍不住，往外直涌，两人紧紧拥抱在一起。

叙旧，是两人相见不可缺少的环节，可这次的谈话内容中伤感是占据主导地位的，说着说着，我便抽泣不止，对于自己所受到的委屈只字未提，只是一遍遍地说："我要和恺旻分手！要和他尽快分手！"一遍遍地问："楠，你说可以吗？可不可以啊！"大吃一惊的潇楠当然不会答应，好好的怎么突然成这样……这到底是怎么一回事儿啊！无论怎么纠缠——央求潇楠陪我去恺旻家，潇楠只有一个坚定不移的信念：不能答应樱！绝对不能！她非要个理由，因为这一决定让潇楠十分震惊！但终是扭不过我。去了恺旻家。真的，这几年了，潇楠她是给我们牵手的人，一直看着我们走到现在……现在居然又是唯一看着我们分手的人！

“我们两个不合适！”这是从我口中吐出的字眼吗?！谁能够相信?！谁能够接受?！谁?！连我自己都无法相信。

啪——

清脆的声音！眼睁睁看着一对瓷瓶落地碎了，正如两颗心碎了！

恺旻和我面对面站着，一切都静止在两人的对视间，静止在眉目之间。

“我们俩真的不合适！”我再一次斩钉截铁。没有一滴泪，但只是把凝视在恺旻脸上的目光转移了，我没有注意，但感觉到恺旻已转身，走了。我，抬头——凝住——静止！当熟悉得不能再熟悉的高大身影完全消失在眼前，终于泪流不止。转身！自己也离开了这里，当时，天在转，地在转，心乱如麻，听不见潇楠在背后的呼喊，听不见，也听不见呼吸，听不见心跳！直到跑不动了，累了，才停下来睁开眼，知道原来自己在山坡上，从这里可以看见他的房子，看得一清二楚！而他呢?

好久没有你的信，好久没有人陪我谈心，怀念你柔情似水的眼睛，是我天空最美丽的星星，异乡的午夜特别冷清，一个(女)人和一颗热切的心，不知在远方的你，是否能感应。一颗爱你的心，时时刻刻为你转不停，我的爱也曾经深深温暖你的心灵……

我放声歌唱，一遍遍大声地唱，直唱到泪水干了，直唱到喉咙干哑，再也唱不动了，才慢慢走下来，又回到他家大门外，坐在昏暗的路灯下，沉默着、傻笑着、大声地放肆地笑着……其实这其中满含无奈、委屈和伤心，可谁也听不出来。看着那些星星、小船、纸鹤，在灯光下一闪一闪，晶莹而美丽，才知道自己又流泪了，也才知道自己原来是如此脆弱，不堪一击。那晚没有回家，在敏那里，又聊到了过去和恺旻的点点滴滴的清晰记忆，我是在“自欺欺人”啊！可事到如今，又该如何是好呢？哭得一塌糊涂。

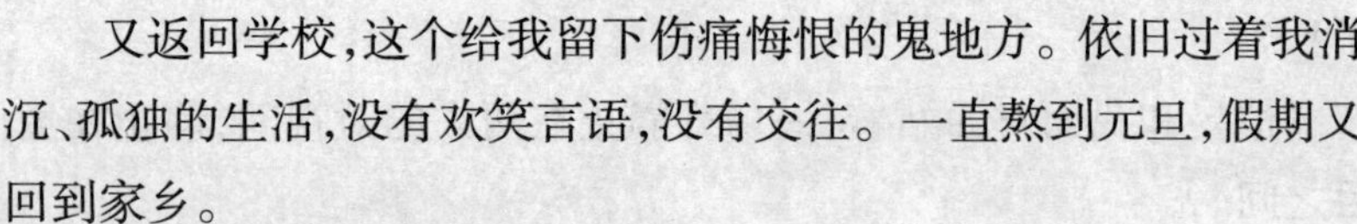

又返回学校，这个给我留下伤痛悔恨的鬼地方。依旧过着我消沉、孤独的生活，没有欢笑言语，没有交往。一直熬到元旦，假期又回到家乡。

那为爱而留的乌黑长发剪短了并染成紫色，还有我艳丽大胆、色调夸张的服饰，你真的不会相信那就是我——雪樱！最朴素的打扮也不过是一身怀旧牛仔。敞开的衣襟里是宽大的白T恤，或者是乳白色的高领毛衣。

整天在街上闲逛，依旧去“忆”音像店，听听音乐唱唱歌，依旧去“心有灵犀”糕点店，喝喝果汁品品咖啡，依旧拎着大包的零食，或是捧着几本杂志去“藏酷”喝酒，听歌排解愁闷，在那里吃东西，看书也蛮好的。

只是一个人。

我讨厌与大家混在一起嘻哈，心里烦着呢！那时我的字典里，“流浪”已模糊不清，“家”也模糊不清，倒满脑子的“转学”之后发生的事，当然是愁、怨、痛、恨占上风。整日地在外面，直到晚上十二点、一点才回家，最早也不过八点多。父母问及原因时，我扭头就走，而后一个人掉泪，朋友问我，我拒之不答，把所有的痛苦、怨恨都埋在心里。而关心我，却又不明事实的、不理解我的亲人朋友一直吃惊、担心、害怕着我的巨大改变。

八

没过多久，小小的L城里开始飞短流长，说什么的都有，生活被搅乱了，你没有办法“两耳不闻窗外事”，因为人家把电话都打到家里来了。不是“你女儿在×××酒吧！快去接啊！”就是“我看见你女儿穿×××在唱歌、跳舞啊！”不是“你女儿是不是变了，你快管教管教”就是“你们孩子是不是不上学了，你知不知道？”……这些人就这样，成天闲了没事干就嗑着瓜子搬弄是非，东家儿西家短，什么样的事儿从他们口中就成为一个个“动人、真实的故事”传出来。以前就是这样，记得上中小学时，上学、放学男女孩走在一起嘻哈，被传言为“玩乐忘形不回家！”周末出去有男女一起散散步、聊聊天就被传为“男女关系不明确，得管教管教！”还有好多好多，现在呢？还是这么无聊啊！我懒得理他们，听见有人说：“别人说……”就怒气冲天，大发雷霆，大吼一声“无聊”后就甩手走开，我不想听这些毫无根据毫无理念的话，而听者却信以为真，无奈啊！在日记里写过这样一句话：“世俗的眼光总是短浅，它就瞅住那些小而落后的地方，赖在那些没有多少文化素质的人身上，于是，这些可怜的人被它们左右得肤浅而多事，成为人们所指责的对象。”不难看出，我所谓的“无聊”、“怒火”不是冲这些人的，只是在嘲笑、指

责他们的肤浅。

话入正题，在此节骨眼上，父母的“晚饭后坚决不能出门”让我气得两眼发红，“坚决”使双方的对峙越来越严重。此时，我们缺乏的是沟通，我们应该平心静气地坐下来好好谈谈，需要相互沟通与了解。然而，我们依旧选择了怒视，选择了激烈的争吵，争吵之后依然选择了沉默。那段日子是“家中”火药味最浓的时期，也是最冷的一段时期。

父亲病了，脸色极差，常常一言不发。他开始很少在家里吃饭，常出外去应酬，总是带着浓浓的酒气回来，坐在桌前一根接一根地抽烟，一遍遍看着各台播放的新闻节目，大把大把地将各类他喝的药放在口中，仰头艰难地咽下。

母亲不爱笑了，也很沉默，沉默在这段时间里替代了她的欢笑。她在父亲不在的时候不会去好好做一顿饭，只是随便做点什么填填肚子，而后守着电视，直等父亲回来。无论多迟，她从不过问，她对父亲的爱让人羡慕，让人敬佩，也让人心痛，因为我也有她这么一种爱，那是对恺旻的爱，这份爱也像母亲的那样执著。即便对父亲有无奈和不满时，她也是温言软语，父亲有时会听，但有时若选择“坚持”，她也只好无奈地望望父亲，便沉默了，不多言，更不会争吵，因而家内和平气息居多。她默默承受着一切……默默地承受着……这点像极了她的母亲——我的外婆。

以前，我是家中最活跃的，又能说，又能笑，成天叽叽喳喳哄父母开心，唱歌跳舞让他们欣赏。可长大了嘛，让他们觉得说话多了生烦，唱歌太吵，跳舞会花了眼。于是，“沉默”也成了我在家的一大特点。可我不想这样，我渴望诉说，也渴望有聆听者，并给予我指点帮助，于是，耐不住寂寞的我，选择了朋友，选择了在外的那份自由。但是学校发生的那件可怕的事，又让我疏远了朋友，让我忘不了“朋友”在我患难时一语不发的软弱，忘不了他们的麻木不仁！我把这想法推及家乡的亲朋好友，也疏远他们，于是，我失了理解与慰藉。当我深知我错了时，“出去” 的决定让我又与父亲发生了争吵。当他颤抖着将我推到门口，结结巴巴地说出“滚出去”的时候，我坚强的心也随之颤抖，坚强的躯体随之软弱，泪水也悄悄地流到了脸上。接着，一个巴掌下来，它啪的一声，落在我脸上，也落在父亲沧桑的大手上。转身开门，我冲了出去。

傍晚时分，街上散步的人多起来，晚霞独占半边天，她将最美的胭脂扑洒在人们的笑脸上，她将最柔软的纱绸披在人们肩上，她将最动人的身影、最美妙的声音存于汩汩的河水中，她将最深情的吻献给整片大地。

这一切美景与我无关，我不敢抬头，只是捂着又烧又疼的脸从家一直死命地跑到河岸边，停下来大口大口地喘气。过了一会儿我坐下来，捡起石子，一颗一颗扔进水里，石子落水的扑通声，好似父亲对我说话时的深沉，好似父亲严厉的目光盯着我时我紧张的心跳，好似我父亲疲惫、无奈的叹息，也好似他那张大手打向我，我心痛呼喊的声音……他现在怎么样呢？他肯定心痛！母亲也心痛！我的心也痛！

父亲永远不会知道，我依然爱他、理解他、心疼他，永远不会知道我日记中所记录的一切，不会知道我的心里话。他和母亲只记得我过去的优异，只看见我的改变，只知道我的叛逆，他们依然爱我，而又伤心我不理解、不体谅他们。其实我们都错了，我们的心里，都装着对方，都有着浓厚的感情，但就总这么沉默着，结果，这“沉默”让我们彼此间有了许多的隔阂、误解和不解！

我想了很多很多，想了好久好久……直到天空中繁星点点。

“喂！别跑那么快啊！你还有多少 money？咱们还可不可以去吃东西？”

“让我看看。没多少了，只够喝杯咖啡的！”

“我这里还有一些，咱们走吧！还够唱首歌的呢！”

“哎，你等等我啊！别跑那么快！”

听上去好熟悉的声音啊！这男孩是……啊！想起来了，是——寒皓！

“寒皓——”我不禁喊出声来。

男孩应声，跑过来，“哟，是你啊，雪樱！”他笑眯眯地、亲切地问我：“怎么样，过得还好吗？大学生，还记得我吗？”他啊，还是那么调皮，那么油嘴滑舌。

“瞧你说的，再忘谁也不能忘了我的好兄弟——你啊！”我也不甘示弱。看着他眯着小眼睛笑的样子，我也忍不住捂着嘴笑了起来，但勉强得很。

“你的脸，怎么了，怎么一面这么红？是风给吹的吧！”他盯着我看了好一会儿。

“我——”我赶紧用手捂住脸，挤出一个微笑，“我——我这是风大，风大吹的。对！是吹的。”我吞吞吐吐地说。

他还在盯着我看，弄得我有点不好意思，打他一巴掌在肩头，他没蹲好,失去平衡坐在了地上。远处的女孩拍着手,“好啊好啊!‘小色狼’被打服喽!”笑嘻嘻地跑过来。她没注意到我,天黑我也没看清她。不过,我被她的天真活泼逗乐了。

“冷不冷?天晚了,风大,把衣服穿上!”尽管我们在笑寒皓他依旧没忘关心我,他还是站起身来,拍拍土,脱下衣服轻轻给我披上,送一抹温暖的笑容给我。“来,起来,樱子,我们一起去喝咖啡。”说着他伸过手。我也笑了,伸出手,他扶我起来,还是像以前一样的温柔体贴。

此时那活泼的小女孩已同远处的友人说完话,跑过来,我这才看清她是蕾馨,她也才看清是我,我俩激动得紧紧相拥。

“樱子,你真的回来了吗?我简直不敢相信会在此时此地遇见你,你好吗?你什么时候来的?……”她将一大堆问号摊给我,我一个劲地笑,笑她天真无邪,笑她那股子傻气!

就这样,仨人打打闹闹,说说笑笑,去了“藏酷”pub。

一杯香浓的咖啡捧在手里,我细细品味,没有加糖,依旧让人心醉。它如同我的朋友,陪伴在我身边,在我失落、无助时,温暖着我的心。

但是,它终究是苦,苦得我模糊了双眼。泪眼蒙眬中我看到墙上钟表的指针已过了十二点,心便又开始隐隐作痛,心中在呐喊:“爸爸、妈妈,你们睡了吗?肯定没有,肯定在生我的气!求你们,别等我了,别着急了,睡吧!别等我了!别担心我!”可是,爸爸气得颤抖的声音,颤抖的手……又清晰地浮现在我面前,眼泪不由自主地掉进了咖啡杯里,小小的涟漪竟能拨动我心弦,心痛啊!一失手,在清脆的响声中,杯子落地碎了,我看到了浑浊的色调,想失声痛哭,

却再也没有力气，只是捂着胸口，闭上眼睛趴在酒气未散的桌子上，头昏昏的，听得清蕾馨和寒皓一遍遍地问："樱子，你没事吧！"的关切问候，听得更清楚的是CD播放的那首歌曲：今夜的心情像一杯没有烧透的咖啡，满嘴吐不出的苦滋味……

"爸爸妈妈，给我一点时间默读自己的伤悲，我不是一个累赘，给我一点时间默读自己的伤悲，让我保留我的尊严……听到了吗，爸爸妈妈？"我的心在呐喊着，在诉说着。

一夜没有合眼。仨人聊了个天昏地暗。

后来，各自回家。

后来，我依旧选择了沉默。

后来，我进出自由，没有人说我、管我。

再后来，我又开始习惯了"早出晚归"的"自由"生活。

九

我的生活开始有色彩、有生机了。因为有蕾馨的陪伴。这个女孩坦率、真诚、活泼、落落大方。思想上与我绝对合拍，所以我们聊天无拘无束，我们穿着大胆时尚，闲逛、泡吧、聊天、喝茶是家常便饭。当然，不会忘记每天在书店消磨些时间，写写记记，其乐无穷。我们的所行所为所言所做，令有些人羡慕不已，赞叹不已。我们仰着头微笑："走自己的路，让别人去说吧！"记得那位老哲人这么说。

两女孩在一起，免不了提及一些感情问题。这是最让人头疼的事。每每至此，我们有两种解脱方法：要么，大哭大闹大醉一场；要么，大笑大唱疯玩一场！这样，也蛮潇洒的。要知道，不仅是我，其实蕾馨也是易于动感情的女孩，当然也就成了容易受伤的女孩。她曾经有过几位男友，但被他们骗得好惨。依着她的性格，这点小情忘起来也快，那些伤痛也是小伤小痛。事隔许久，终于下定决心，好好谈一场恋爱，尽管那时我们年纪还小。后来，她遇上的那个男孩我认识，寒皓、诗杰、恺旻还和他是好兄弟，常在一起踢球、喝酒，看起来非常聪明，人很帅气。可谁知这竟是个铁石心肠的家伙，是个极为大男子主义的男孩。蕾馨可是真真切切、无怨无悔地付出一切地

爱着他。蕾馨眼睁睁地看着他挽起别的女孩的手，搂住别的女孩的腰，默默地承受着他对别的女孩的好，依旧强颜欢笑，依旧给他展示自己坚强的一面，痛苦地承受着一切……

只要谈到这些，女孩们便会泪眼婆娑。女孩的心是水做的，温柔而多情；女孩的心是玻璃做的，敏感而易碎。脆弱而又真实的女儿心哟！

“问世间情为何物？”何止是女孩为情而痴，为情而悲啊！情，它犹如一枝玫瑰，令人心醉；如玫瑰枝上的刺，一旦触及会令人心碎。好一朵刺玫瑰，采撷、培养她究竟得付出多少真心？诱人的血色花瓣是多少泪滋润的啊！究竟什么是爱的代价？！

寒皓就是一个极易动感情，又容易受伤的痴情男儿。他十分要强，但性格温柔、内向，总是腼腆、友善地对待每一个人，他总会给人亲切、温暖。

我的生活开始有阳光，有欢笑了，因为有寒皓的陪伴。他，也是很活泼的那种，有一肚子的笑话，一肚子的故事，言语风趣逗人。他脾气也非常好，我们常常欺负他，但他总以他的幽默、微笑去化解，从不记仇、抱怨。他也是很聪明的男孩，以前成绩就不错，现在又在学画，他的理想是考入美院，所以一直很用功。我也喜欢画画，所以我们有共同语言，常常在一起写写画画，乐在其中。

他对我非常关心、体贴。我很清楚他一直很喜欢我，其实，我也对他颇有好感。但我们一直都没有说破。不知道他怎么想的，反正我是不想破坏这种友谊，我怕一有“爱情”就会破坏掉我们的“友情”。再说，我有我深爱的人，尽管分手了，但原因我自己清清楚楚，他没有任何错，而是我太多虑、太冲动了。

我没有逃避寒皓对我的好，尽管他的默默的关怀和无言的爱令我感动，令旁人感动，但是我很明确很坚定地称他为“知己”，后来我俩改口互称“兄弟”。对于我的改变，他只字不提，而是拉出我从前的影子，让我自己比较，看看对错，找找原因。他说相信我还是原来的我，那个从前优秀、懂事、活泼可爱、聪慧顽皮的雪樱；他还说，我不是内心想要改变，而是一直在伪装自己、掩饰自己，说我的心里一定埋藏着许多伤痛的故事，我有无法言说的苦楚。他的这些话感动得我泪流满面，他对我的信任让我更清楚地看到了他的真心，四年了，一颗未变的真心，活生生地在我面前跳动着。我看在眼里，心却揪一般地痛，真的，我太委屈他了。我点击了记忆退格键。

那时，他常会因为送我回家、与我走得近而遭受别的有势力的男孩子的毒打。他常常鼻青脸肿，最让人担心的是他挨刀子，你瞧瞧那两只胳膊、两条腿，还有脸、肩上、腰上，那一刀刀血淋淋的刀痕中流淌的不仅仅是血，更多的是他对我的真情实爱。他怨恨过吗？他后悔过吗？他选择过放弃，选择过离开吗？没有。他依然执著。

点击现实思绪的回车键。我心负他，情债累累，该如何回报，如何求得他原谅呢？在矛盾的思想下，我拨通了他的号码，约他出来，两人又坐在了“藏酷”pub。

这是个晴朗的日子，六月底，我清楚地记得他的生日，我们喝了好多酒，聊了好多以前在一起的事。我要求再看看他胳膊上的伤痕，他笑了，挽起袖子，点了一支烟，轻轻吐出的烟圈袅袅升起，而后散开。他这一举一动轻松而熟练，看上去，他的确长大了，长成一个大男孩了。

我终于鼓足了勇气，把自己伤心的、不快的、改变的理由统统告诉了他，把那个圣诞夜里可怕的故事讲给了他，我们都流泪了。我将自己的委屈一吐为快，而他呢？他接受不了这些，只是气得直喘，狠狠地从嘴角拿下烟头，眨眼之间，他已将那星星点点的橙色火头落在左臂上，眼睛闪着仇恨的光，我第一次看到他生气的样子，那么可怕。我赶忙上前，烟头早已熄灭，那刀痕条条的左臂上已烙上一个血色印记，一个爱情的印记，擦不去的痕迹。

十

终于看到、理解到“恨之入骨”。

寒皓越是对我好，我就越觉得欠他的太多，对不起他。我不想让他浪费太多的精力，将感情和时间白白浪费在我身上，可他固执得要死，我甚至刺激他：“驴子是怎么死的？”他却依旧笑，笑得那么灿烂。他越是这样，我越是心痛。后来，我决定将一切澄清，越是模糊，越是纠缠不清。

生日也过完了，苦也诉了，恨也恨了，接下来的日子，依旧是三人逛街，依旧没日没夜地聊，没日没夜地玩，但总是昏昏的、矛盾的。才发现自己无法忘记那些黑暗的日子，真的，现在的快乐无法代替他们；我更忘不了恺旻，因为我爱他至深，对他的感情不会轻易割舍。可是，我又如何来挽回呢？

我没有想到更合适的复合理由，日子也悄悄从我的笔尖流逝，日记里满是恺旻的影子，满是我对他的思念与歉意。我常常去他的学校，偷偷看看他，而后很满足地悄悄离去，谁知道我黯然销魂？谁又看见我满面憔悴？

又是一个冬天来临，雪花漫天飞舞。我接到了寒皓的电话，他请我去唱歌，在一起的还有蕾馨。我们去了一个新地方——Sunshine 演艺厅。这里我只听说过，但从未来过，听说寒皓他们曾在这里上过班。

很快我就没有陌生感了，全身心投入音乐中，伤感凄美的旋律敲打着我的心，站在台上，犹如一枝冰霜下的玫瑰，那么凄艳，那么孤寂。在阵阵掌声中，笑得凄美，让人怜惜。

不知什么时候寒皓已站在身后，为我送上一杯热水，真的很令人感动。虽然此时没有美丽的鲜花，没有醇香的美酒，但有更令人心醉的关心、体贴，真挚而朴实。

在我的强烈要求下，他也唱了好多歌，但最忘不了的是那首老歌:《一千个伤心的理由》，他唱着这首歌，好似在诉说他和我之间的故事，或许是我太敏感吧！不由落泪。歌听完了，我想起了一个严重的问题——澄清事实。

从 Sunshine KTV 出来，已经很晚了，人各散去。寒皓送我回去。一路上我们还谈论着各种歌曲，笑得好开心。之后去了一家小吃店，要了烧烤，烫了菜，还要了一小笼包子。我俩慢慢吃着，他又是给我选合适的筷子，又是夹菜……我们一起吃饭不止一次了，以前是，现在也是，一直是他这么细心地照顾我。要知道，和恺旻在一起我从未有过这样的待遇，总是我对他体贴、问候得多些，他接受得也很坦然。

“想什么呢？快点吃啊！”

“嗯？”

“我说，菜凉喽！”

“噢！”

我的思绪被寒皓的话语打断了，低头一看，碗碟里分夹的菜已满。

“噢！对不起，实在不好意思，我思想开小会去了，没注意！”我很是歉疚。

“没关系。快吃吧，不然凉了！”他依旧心平气和、温柔。

“谢谢！”我低下头大口大口吃起来，饭菜虽香，却那么难以让我下咽。

“怎么？想恺旻了？”他像是随口说说，但又像是很认真。我看他好久，但只是笑了笑，“快吃，废话那么多！”开始数落起他。他也笑了。

吃完饭，他一直送我到家门口，在楼下站了一会儿，我终于鼓足勇气对他说：“皓，我喜欢你，我想让你知道。”听到这些，寒皓怔住了，他肯定不会相信这是从我口中说出的话，我盯着他看了好久，他竟脸颊泛起红来，却终是满意地笑了，而后沉默。“真的，我说的是真的。我只要你知道，我喜欢你。”我很认真地又说了一遍。

“皓，你知道吗？我曾试图忘记恺旻，就因为绿茵给我的痛苦太深了，我想，或许分手后能给予他平衡感，而后，试着接受你的情感。接受你，会给我更多欢乐、慰藉。但是，我做不到，我不能自私地为了他而伤害你，伤害自己，不能自私地欺骗你，欺骗自己。”还微笑着说这些话的我竟失声痛哭：“该死的绿茵害了我，害了我——那该死的野人害了我——他害我改变了，变得我都无法接受自己——他害得我好惨啊！皓，你知道我有多痛苦吗？我承受着这一切痛苦，我从没给人说过，致使他们对我误会重重。我想证明我自己，可我又不能说明原因给他们听，你说，这是怎么一回事？你说我该怎么办呢？寒皓，怎么办？"我像是失去了理智，疯狂地哭喊着，终于喊累了，我双手捂住泪洗的脸。

一只手过来，拍拍我的肩，"好了樱子，我全都知道了，你不要再多想了，这样会使你更加难过、痛心的。"寒皓语重心长，"俗话说：'兄弟之妻不可欺'嘛！"他又逗乐子了。不过这话也不是纯没道理。我终于笑了笑，他看上去也蛮高兴的。"不要多想了，不要说什么对不起谁，你没有错，你是个好女孩，你是无辜的。好好去爱恺旻吧！你们会很快乐幸福的，我和他兄弟一场，和你也称兄道弟，我会为你们祝福的。你们能够和好如初，也是我最大的快乐和希望！你我依旧是好兄弟。如果——如果有什么万一，我会帮助你。记住，我会等着你。"

一席话给了我慰藉，给了我希望与信心。我一个劲地点着头，答应寒皓要争回那份逝去的感情，好好去爱恺旻。不再多想什么了，不再忧虑重重。其实，我清清楚楚地知道，他也是痛着心这么说的。我们俩相对视着，我看见他的眼睛如同星星般清澈明亮，闪烁着天真与真诚，还有一丝淡淡的忧伤。

"再见！"他说。挥挥手告别。

当天晚上，还因感伤而作了一首诗：

心有灵犀

看到晴朗的天空了吗
湛蓝湛蓝的，有鸽子飞过
那是你的笑啊
我的嘴角也有一抹
看到满天的小星星了吗
一眨一闪的，有丝云拂过
那是你的眼睛
我满怀温情
抑郁
在沉闷的空气里
那是你的叹息
我也不愿久久别离啊
昨夜
在梦里
紧拥在重逢的路
承诺着永不分离
风过
　　梦醒
　　　　心痛
　　　　　　不已
哭泣着思念的悲哀啊

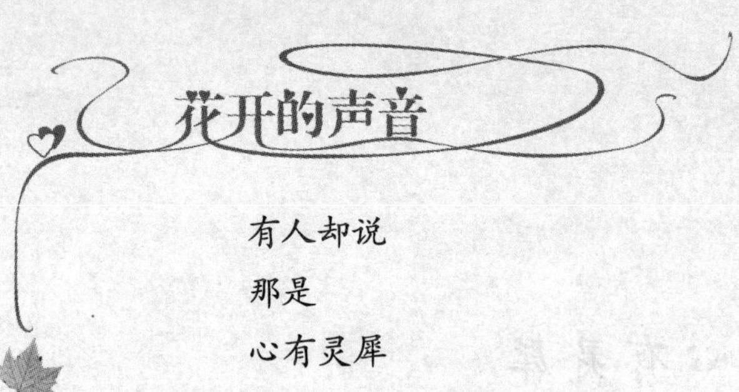

花开的声音

有人却说

那是

心有灵犀

“樱子，有你的一封信，我放在桌子上了。”母亲说着走进屋来，“外面冷不冷？快，拿着这个暖暖手。”她递给我一个小电热器，而后出去了。我捧在怀里，暖暖的。

懒懒地躺在床上，拉开被子往身上一摊，拆开信。

“哇！”我不禁叫出声来。这竟然是——天哪，这么熟悉的笔迹，这么亲切的称呼，这么关切的问候，这么诚恳的歉意……这——这不是恺旻吗？我的脑海里有无数的问号，我不相信这是事实。但事实终归事实，我满怀信心，满怀激动地一遍遍反复读着他写来的信。他说好想我，好想好想和我在一起……他说他后悔自己的言行，他说他不该听从兄弟们的胡言乱语，他后悔放开我……眼前除一笔一画的字外，还有他微笑的脸、高大的身影。

我赶忙铺开一张信纸，认真地回复，一发而不可收。

不知什么时候母亲悄悄进来，又悄悄出去。只记得入睡前我捧着一碗鲜牛奶，还有些余温，喝下后，把回信封好放在枕边，听着歌，入睡了。我睡得那么香。我梦见与恺旻依偎在樱花树下，樱花飞舞，我俩呢喃低语……

十一

很快假期结束，父母依然决定让我回到那个地狱般的学校，尽管我不愿意，但没有反驳的权利和理由。

他们将我送到后，就离开了。返校的同学并不多，我在寝室里看书、听歌。可是绿茵还是不肯放过我，时时刻刻缠着我，烦死人！让我没有心境去做别的什么。于是，晚饭期间出了校门。

一个人，漫无目的地走着，天阴沉沉的，让人很是压抑。转了好长时间，终于又回到校门口，站在不远处，进退两难。这么晚了，一个人去哪里呢？可是我又不想进这里，不想在这肮脏的地方停留一分钟。

突然，一双手从后边过来，蒙住我的眼睛，我的心猛地一震。"你猜我是谁？"是一个女孩的声音，听起来十分耳熟。

"噢！蕾馨——对吗？"我恍然大悟。

"算你狠！"她放开手，走到我面前，调皮地说，"看看吧，还有谁来了？"

我转身，"恺旻！敏！"惊讶地大叫。跑上前去拉起他们的手。在烦乱、迷茫的时候，在异地能遇见家乡的好友，是多么令人兴奋啊！

况且还有我久别的男友，没有比这更令人兴奋的事了。

我们走进学校附近的小餐馆，边吃边聊，一看表都已经是晚上十点多。

“找个地方住吧！”

“你说什么，樱子？”恺旻的眼睛瞪得大大的。

“找个地方住，怎么了？”

“你——你也要留下来吗？你不回学校了？”

“今天我就没打算回去。”

“你疯了吗？樱子！”敏也很是惊讶，“我劝你还是回去吧，我们有空还是会来看你的，你这样做，他们都会找你找疯的。”

“我是快要被逼疯了。这里不是人待的地儿，他们才不会找我呢。”

“那你父母呢？”恺旻皱起眉。

“我倒是希望他们找得到我，这样我就可以解脱，一切他们都应该理解了吧！”

他们听我这么说，一个个都觉得莫名其妙，因为我没有告诉他们发生了什么，我不想说。

“那也好啊！你就别回了，和我们玩一个通宵，机会难得嘛。”蕾馨倒很是高兴。

“留下来也行。”

“我觉得不妥，你会让他们担心的。”

“恺旻——相信我，我有自己做事的理由。”

“可是……”

“得，我同意了，你就别再犹豫，恺旻。”说着，蕾馨拉起我的手，

“走，樱子。”恺旻很无奈地摇摇头，和敏跟出来。我们就住在学校附近的招待所。

打牌、听歌、聊天……

“干脆我们逃吧！我这里还有张几万元的存折。”蕾馨突然说。

“不会是你也疯了吧！”敏白她一眼，接了一张牌。

“‘逃’？你想的倒好，怕是没这个本事，听过‘天罗地网’没有，哪里是个尽头？你怎么突然生出这种想法？”我也很是不解，“梅花5。恺旻，该你了。”

“你不是也拎着行李要逃吗？”蕾馨问。

“我有我的苦衷，这是没办法的办法。”我叹口气。

“可是……”

“可是什么呀！快！该你接牌了，出什么？”

“别急嘛，我出——出红心10吧。”她打出牌后说：“真希望我们能自己生活，就像现在这样无忧无虑，所以才想‘逃’嘛！”

“‘无忧无虑’？恺旻笑道，等你‘逃’了就真正知道什么是‘无忧无虑’。吃、穿、住、行，愁死你。”

“这有什么愁的。找个工作，赚了钱不就万事OK了！赚到自己的钱就可以想吃什么吃什么，想穿什么什么，谁管得了呀！”她瞥了恺旻一眼。

“做梦！”敏说，“你以为在外工作好找，钱好赚吗？学都没有上完，我们才上高中，你也不过是个中专生，凭什么赚钱？有什么本事？”

“学是没上完，本事又不是没有。樱子琴棋书画，样样精通，我的舞也跳得不赖，恺旻又那么聪明，你又那么能干，还怕什么呀！我们去个远点的地方，找个环境美的地方……”她说得那么美好。

“得！你以为是去旅游啊！”恺旻说，“别再做梦了！今晚一过，从明儿起该干什么就干什么，别再胡思乱想，听见没有？樱子，你也就这一次。解决好问题之后投入学习，你和敏，还有潇楠接下来面对的可是高考，不能有所松懈，听见了吗？而我，还有蕾馨，虽没有高考的重担，但也要面临毕业，走上实习岗位，步入社会，同样不能放松。”说着，他点了一支烟抽。

“天！恺旻简直是我们的爸爸。”蕾馨感叹。

我们都笑了。

收起牌。大家都很累，躺的躺，趴的趴，我随手拿起桌上的一本杂志，靠在被上翻看。

“唉！我们什么时候才能长大，像大人们一样有自己的自由，做自己想做的事？”蕾馨发出感叹。我转过头看看她，她两只眼睛睁得大大的，望着天花板。我们谁都不再说话了。

五月的天亮得也早，我站在窗前看着远处的天，淡蓝淡蓝的。打开窗户，风清凉清凉的，不禁打了个颤。

“在想什么呢？”恺旻走过来，脱下外衣，披在我肩上，“别着凉了！把窗户关上吧！”

我点点头，他关上窗。

“谢谢！”我转过脸来，对他笑笑，他也笑了。“傻猪儿。”他轻声说。

“你说什么？”我噘起嘴。

他用手指按按我翘起的嘴唇，“猪头！”

我瞥了他一眼，也不禁笑起来，靠在他身上。在这宽阔的肩头、温暖的怀抱，我找到了一种前所未有的踏实感。

“想家了吧？”他问我，“那你就快回家去，这一夜也够他们受的，肯定找你找疯了。你打算怎么办？”

“不知道。”

“实话实说，不管是挨打挨骂，都不要再冲动，把你的想法告诉他们，好好谈谈，我想他们会理解的，一切都会好的。”

“他们不会理解的。”

“那到底发生了什么事，你可以告诉我吗？”

我没有说话，只是摇摇头。

“那我们走吧！我送你回家。”

“不去，他们会来接我的。我预感到他们越来越近……”

“樱子，你怎么一直在发抖？”

“恺旻，我怕和你分开，我怕再见不到你……”

“胡说八道！见得到。你这小坏蛋，前段时间还口口声声说你我不合适，跑到我家大门上与我分手，现在怎么又怕分开？”

“讨厌！当时是赌气嘛！”我推开他，走到敏、蕾馨面前，拉起她俩的手：“好姐妹，聚不是开始，散不是结束！”她们显得莫名其妙。

突然外面传来急促的脚步声，接着是有人拿出钥匙的声音，房间门被打开了。

“我是公安局的。”

我一看，正在出示证件的胖男子是我的大伯。

“大伯——”我不禁喊出声来。

“樱子，你——”他欲言又止，摇摇头，“走！拉起我的手往外走。”

临出门时，我回过头来，恺旻、蕾馨和敏怔怔地看着我，他们的目光带给我一丝愧疚。未来得及言语,门就嘭的一声关住了。

回家的路上,大伯将我搂在怀里,叹着气:“我的樱子,你怎么会成这个样子呢?真的让人难以置信。”

“我——”话还没说出口,便趴在大伯肩头委屈地哭了。

“好了,好了,不哭了,我们回家。以后有什么事你给我、给你的父母说,别这样,真是急死我们了,你知道吗?唉——为了找你,大家一夜未眠,一夜奔波呀!”

大伯的话说得我心里头泛酸,是啊,我错了,我的冲动犯了大错!可是我也有我的难处和苦衷啊!

我的父母没有打我,没有骂我,父亲在叹气母亲在哭,这更让我心里难受。之后,就将我送到了二叔家,还在附近找了一所好一点的学校,事情办稳妥后,父母就回家乡去了。

十二

住在二叔家里真的很好。二叔是个聪明能干的人，他可以辅导我的功课，还会做好多好吃的饭菜。二婶也总是嘘寒问暖，对我十分关心，我们在一起的每天都过得很开心。因为二叔二婶他们都是那种思想上开放、前卫的人，我们坐在一起聊天可以畅所欲言，总是能达成共识，况且二叔是个心直口快且风趣的人，总逗我们笑。我在二叔家的这一年里，成绩提升很快，自己也觉得轻松自在，可最终还是不能将自己融入这个家里。

这一天，二叔喝了些酒，我们坐在客厅里聊天，二叔问我："你是不是还不习惯在这里生活？为什么还是那么……怎么说呢？你就把这里当成自己的家，想吃什么、喝什么就自己动手拿……可你……我们是一家人，就得像个一家人的样儿。你现在让我很是担心。"

"二叔，我——"

"你就没把这儿当成自己的家吗？"

"不是。只是不习惯随随便便，我在自己家也是这样。"

"我们是一家人，樱子，你给我记住，我们是一家人，任何时候，血浓于水。”

“血浓于水？”我不禁笑了，“二叔，未必！”

“此话怎讲？”

“姑妈不是一个很好的例子吗？”

“怎么？”

“她还不是轻信了那些人的传说吗？她认为我变了，认为我是一个坏孩子，她不让她的孩子与我往来，甚至打电话，她怕我会带坏了她的孩子。”说着我的眼泪就出来了，“这就是浓于水的血！她可是爸爸的亲妹妹，你的亲姐姐！为什么这么另眼看我？我是犯了错，可难道就没有改正的机会吗？连家人都这么孤立我、另眼看我，那别人呢？相反，我的朋友却还相信我，我的几个姨妈还依然爱我——”我哭了。

“朋友？你那都是什么狗屁朋友？”二叔发了火，“抽烟、喝酒、打架、不回家……这就是朋友？”

“不是这样的，我们有理由——”

“理由？”二叔打断了我的话，“有什么理由？你总是有很多理由！那些算什么？乱七八糟。学习成绩就是理由。他们呢？一帮小混混！”

“学习成绩？你这么看人也未免片面化了吧。成绩好的就是好孩子吗？他们骄傲自满不懂事理不知人情，他们不知苦痛，只知享福……只是个机械化的人，要生活是要综合的素质，而不是只凭成绩。看不起这些虚伪无味，自以为是的人。”说罢，泪流满面。

“你看不起他们？”二叔笑了一笑，“他们还看不起你呢！”

我转身跑进小屋。

没过上几个月的安稳日子我就开始心烦意乱，就会想起受欺辱的场景，就想一个人找个地方静静，或找朋友来一吐为快，有几次又没回家。发生了好几次这样的事，三番五次的说教在家人看来对我毫无用处，于是便给我戴上了“屡教不改”的帽子，家人无可奈何了，叹着气问我：“对你那么多的关心？那么多的爱？都到哪里去了？”他们认为我是没有良心的人，假如这些给狗，狗都会摇尾巴。而我呢？连狗都不如。我一次次地逃，他们一次次地找，已经让他们撕心裂肺，已经在一次次地重重地在他们脸上打着巴掌。我带给他们的是失望，以及别人的讥讽与嘲笑，他们都因我而感到羞耻。

已经没有了信任，我依旧过着三点一线的生活：学校—食堂—二叔家；依旧很平常自然地活着：学习—吃饭—睡觉。同常人一样起早贪黑，却不能同常人一样轻松自在，因为我心灵上背负着巨大的压力。这段时间，天空是灰色的，阴冷阴冷的，我的头发常被风吹乱，爱美的我却无心去拨弄，也没有精力去弄，我很是疲惫，我常冷得发抖……

有时静下来想想，真该将痛苦倾诉，真该道出委屈，可是理智告诉我：樱子，你不能让父母家人与你分享受欺辱的痛苦，因为事情已经过去很久，你应该忘记，而不是让他们陪你伤心、难过、痛苦。樱子，你的痛苦应当自己去承受！不能说出口！不能告诉他们！不能！你得撑住。你得坚强。坚持到最后——如果你爱他们！

是的，我爱他们，无须多问！我是爱他们的，我没有忘记养育之恩，我一直爱着他们！那就承受吧！擦掉委屈的泪，看着镜子对自己微笑。那笑极为勉强、忧伤。拿出日记本，提起笔，任情感在纸张上流淌：

不知为什么
总是那么忧郁
不知为什么
又是那么惆然
眼前的这一切,一切
我不知如何去面对
……
窗外的雨依旧不停地下着
雨水坠入我心底,潮湿了
我在窗前看雨
陪雨默默哭泣
不知何时再归故里
不知它是否依然如故

而后……

学习……

强逼着自己又开始继续这种机械的生活,坚持到高考结束。收起桌上成堆的书和练习册,长叹一声,突然倍感轻松。重返 L 城,回到我的小屋,又闻到了那久别的熟悉的味道。

十三

我摆脱重重思想困境了吗？都以为我伤口愈合了吗？

没有。

高中生活也就这么在一哭一笑、一玩一闹中过去了。我实在不知道这几年是怎么度过的，浑浑噩噩，我感觉我什么都没学到，而是成天地泡在眼泪里，成天绕在感情里，成天待在 pub 里。看着同学、朋友们相继收到大学录取通知书，在连连炮声不断中背起行李高兴地踏上人生旅途，我心里有说不出的酸楚。

我依然早出晚归地自由生活着，一个人泡吧，一个人品味着孤独，我很少再约寒皓、蕾馨他们出来了，我觉得无言以对，也不知道他们在干什么，也不想知道。

突然好想潇楠，她考上了吗？她现在怎么样呢？自那次与恺旻分手后，我也因此和她闹翻了，一年多没有联系过。想来想去，还是拨通了她的电话。

嘟——嘟——

响了好久，怎么没有人接听？我又重拨，再重拨……依然无人接听。失落啊，我一个人朝东边的山上走去，爬到山顶，L 城的一切尽收眼底。头顶上是宽阔的天空,身后是古老的姐妹亭,脚下是郁郁葱葱的山,心情一下子好起来,踏着黄土地,踏实啊!尽管是阴天,冷风吹来,可我没有寒冷的感觉。以前,我常常和潇楠来这里,晨读,或是闲聊,或是唱歌……晒晒太阳,吹吹清风,甚至是淋一场雨……今天又来到这里,一是想散散心,二是想潇楠了,抱着一丝在这里能见到她的希望。

站了好一会儿,我又朝前走去。

为什么,受伤的总是我,到底我是做错了什么,我的感情,难道说,你不懂!为什么,受伤的总是我,如何才能找到我的梦,有一天有一个他,真的爱我……

咦?有人在唱歌,唱着我曾与潇楠唱过的歌。我寻声走去。在对面的山丘上看见:

一个女孩抱着腿,仰着头,对着天空高唱,能听得出她在抽泣。她穿着白色的毛衣、黑色紧身裤、枣红色的皮鞋。整个身子也在颤动,她手中好像还紧攥着什么东西。偶尔有鸽子从天空飞过,发出的声音给此时——秋日的午后带来一份凄凉。

我断定这就是潇楠。

尽管内心无比激动,但我怕她心中还存有对我的怨气,于是我悄悄跑下这个山头,爬向她那边的山头,刚到她身后,她没有发觉,只是刚结束那首歌。

天空下着雨,我从背后望着你,就这么走出我的生命,曾经的承诺,就像雨里的彩虹,我受伤的心真的好痛。

我也来了一句。听我唱完,她转过头来,吃惊地望着我。“是你?”她小声说,怕是不相信这一偶遇会是现实。

“楠，是我，樱子。楠，我终于找到你了！”我拉起她的手，看着她的泪眼，不禁哭出来了。

“樱子？”她慢慢站起来，还是目不转睛地盯着我看，“樱子，是你吗？我终于见到你了——”她也终于哭出来了，我们紧紧拥抱在一起。

就在这个骆驼山头，我知道了她顺利考上大学的消息，也知道了她因学费而辍学的事情，我的心也沉沉的。要知道她放弃的是一所名牌大学，考上这所学校她付出了多少心血，忍受了多少苦，尝了多少的委屈多少的泪和汗……容易吗？然而……

她母亲的意思是复读一年，明年攒够钱再考再上！

也许你会觉得这样太残忍，但是你永远不会明白一个家庭破碎、争强好胜、坚强美丽的女人的想法，她不想别人用怜惜的目光看她，不想靠别人的扶助来生活。她教育自己的女儿要坚强，要快乐，要出人头地，要和别人的孩子一样。她不希望孩子因家庭而受到影响，但她终究也改变不了现实。于是她毅然地选择了“坚强与忍耐”，这是令人可敬可佩的。

我告诉潇楠，她应该为有这样一位伟大的母亲而自豪；为有这样一个坚强的母亲而坚强；为有这样一个不易的母亲而努力奋斗！

她不住地点头，紧紧握着我的手。她要我陪她喝酒，我答应了；她要我们不醉不归，我也答应了。从山上下来，我们去了“藏酷”，点了歌，要了酒，边唱边聊，醉而不归。后来，我们又约来了敏，结果把敏也喝醉了。

那天，我们聊了很多很多。虽然醉得不轻，但是，我依然清晰地听到敏的叹息，苦读几年，终于拿到了 M 大的录取通知书，却不能去学习。因为复读的哥哥也考入了重点，需要一笔钱来上学。自父亲去世，母亲日夜操劳，辛辛苦苦，省吃俭用。她们母子仨节衣缩食，住着破旧的平房……哪里有那么多资金去供两个大学生？由于她是女孩，又因为是老二，所以母亲痛下决心，让她选择放弃。在阵阵炮声中，哥哥走了，她伤心得病倒了。一想到还要去复读，还要重考，她就伤心、委屈，可又有什么办法呢？“天将降大任于斯人也，必先苦其心志，劳其筋骨，饿其体肤，空乏其身”，我们一起笑着说，“干杯！”

上帝是公平的。他不会让你轻而易举获得所有的美好……他会在生活中设置重重磨难，以此来考验你的人生态度。

她们的经历让我深有感触，“灾难”不是遥远的传说、故事，它会不知不觉降临，弄得人措手不及。同情她们、伤心她们、惋惜她们的同时，我也在叹息，只有我自己清楚，自己与她们相比……不！我不能与她们相比。她们真实地接受着现实的惨痛，坚强地、从容地面对一切，默默无语，忍受一切。而我呢？不是这个家庭应有的成员，却理所应当地白白挥霍着一切，物质且不谈，我不能容忍自己挥霍着他们给予我的感情……绝不容忍，因为，我没有这个资格。我活得竟如此无耻。

十四

开学了,我竟然收到了J大的录取通知书,这是令人惊喜的事,我还真怕自己落榜呢!真的一点儿也不敢相信!可我又不愿告诉父母,不愿让他们供我读书了。于是,背上行囊,悄悄出门,只留了一封信在桌上。

尊敬的爸爸、妈妈:

请允许我继续这样称呼你们。

请原谅我的不辞而别。

我们之间存有许多的不理解与误会,是因为两代人的内心隔阂、思想鸿沟所致。你们为我好,真心为我付出一切,养育我成人,而我却屡次让你们伤心,请相信我还是那个爱着你们、惦着你们的女儿,请相信我有苦难言。

谢谢你们的养育之恩。我什么都知道了,不必再向我隐瞒什么,我想我应该离开,我不适应这种沉闷、受束缚的生活,我不能没皮没脸地再赖在这里。

不要为我担心,不必为找我而费心,你们好好照顾自己,我要凭自己的本事生活,打造一片属于我自己的天地。成功的那天,我会回家来看望你们。

敬祝

身体健康！

女儿：樱

父亲、母亲哭了，纸张落地，他们的手颤抖着，他们不能言语。四下打探我的消息，可是没有人知道我已经走了，更不知道去了哪里。甚至是潇楠、敏，甚至是寒皓、蕾馨，更甚至是恺旻，都没有一点关于我的消息。

父亲，因此住进了医院，母亲忙于照顾，只能每天守着那台无声的电话，一遍遍翻阅留下的信笺，等消息吧！

一个人，肩头背着一把酒红色黑边的民谣吉他，拖着一个并不大的旅行箱，身穿一套休闲的牛仔服饰，还是那副忧伤、深沉而又坚强的面孔，还是那么从容、自然、无所畏惧的样子。潇洒轻松地踏上列车，我知道我的目的地。我的卡上还有些积蓄。

火车开得那么快，窗外的美景在我的眼中已没有任何美丽可言，昏昏沉沉地睡了，醒了，又睡了，又醒了。

到J大的时候已经是傍晚。室友们友好地问候我，她们中有两个本地人，一个来自昆明。

“你不去吃饭吗？”昆明的女孩拍拍我的肩，她的微笑很甜美。“走，一起去吃。顺便去学校转转。”她真诚可爱，那双水汪汪的大眼睛很会说话，让我想到了潇楠。

“谢谢，我今天很累，没有食欲，真不想吃。实在对不起。”我很抱歉。

“哦，没关系。我去买，你吃什么呢？那你先好好休息一下吧！”她很关心我，递给我一条热毛巾。

“谢谢。我不想吃，你不用带了。”我接过毛巾，“不过我可以陪你去散散心，到处走走。”我是诚心诚意的。

“那好。留个号吧，吃完饭我发信息给你，还有你的姓名。”她总笑得那么真诚、开心。

“好啊！”其实我本想拒绝，因为不想留下遗憾，毕竟还是要走。但是看到她真诚的眼睛，又不想有所隐瞒。

拉开包，我抽出一个笔记本：138××××××××——樱（24小时开通服务）。我很快写下了联系方式，还画了可爱的简笔图画，扯下来，递给她。

“哇！你的字写得真漂亮，还透着一股子气……”她羡慕地叫起来，却又顿住了，她在思考如何形容吧！

我笑着，没有言语。

“洒脱，豪爽！对就这样，有股子男儿气！”她终于肯定地说了这句话，而后一直看着我。她佩服的神情有点儿像潇楠。

我还是笑而不语。

“好啦，待会儿见！Bye-bye！”她像是刚得到一个糖果的孩子，把纸条小心折起来，放在口袋里，满意地走了。

“Bye！”我回应。

屋子里又剩我一个人，室内气息仿佛凝固了。天色暗下来，我没有开灯。站在屋子中间，我四下扫了一番，宽敞得很，白色的地砖，蓝色的窗帘，四张单人床独占四角，床头是小小的书柜，床身上有两个大抽屉。每张床边有个小书桌。刚进门左边是卫生间，可供洗澡，右边是大壁柜，4扇门上都有小锁。室内还有一张长桌，上面有一台公用电脑。

转了一圈，我走到窗前。窗外是个小游园，绿绿的草坪，中间有个凉亭，亭下有石桌、石凳。靠着窗前的石子路，边上有一排榕树，我们在三楼，直视着新嫩的树梢。我已经看见有人坐在凉亭里了，有看书学习的，有静静坐着的，还有散步的。

真不敢相信眼前的一切。

真的不敢相信。

我没有收拾床铺，只是把箱子立在床头，抱过吉他，坐在床上弹起来。我忘情地拨动着琴弦，唱着那首童谣："天上的星星流泪，地上的玫瑰枯萎，虫儿飞，虫儿飞，你在思念谁……"

手机也耐不住寂寞唱了起来。点开信息：樱子，快下来，我在楼后的小游园等你(一个笑脸，一枝玫瑰)。署名：璇。

起身，到窗前，我看见她站在草坪上。她看见我了，向我招着手，我也挥挥手，穿上鞋子下楼了。我才知道这美丽的女孩叫璇。

我俩漫无目的地散着步，她手里拎着零食，我们一起分享。她说喜欢这样，这种感觉很好。我说我也习惯这样，没事干的时候尝尝薯片，嚼嚼巧克力豆，再来杯牛奶或咖啡。我们相视而笑，都有一见如故的感觉。

我们去了校后的小树林，去了公寓边的湖，听了鸟唱，看了鱼跃，我们去了图书馆，还去了体育馆……累了，还跑出去吃烧烤……很晚了，两人才举着雪糕回来。听说后天才上课，于是我请她明天陪我出去玩，她很爽快地答应了。

一夜无眠，舍友们围着我，闹着要听我弹吉他唱歌。她们都点了一些很老很老的歌：任贤齐《我是一只小小鸟》……伍佰的《美丽新世界》、《挪威的森林》……徐怀钰的《水晶》……张柏芝的《星愿》、《乱了感觉》……这些歌都是我在初中时常哼的，没想到相隔五年之久，今天又在这陌生的地方和陌生的人和声而唱。

早晨醒来已是九点多钟，起来打扮打扮。我今天很细心地梳着头发，试了最美的一条裙子，用璇的话说，就是不化妆也美得出奇！出门我们直奔西湖。

所闻不如眼见。这个人间天堂啊！那山、那水、那桥、那亭……那树、那人……那……那一切美得我无法来形容。取出相机我们尽情留影。投入大自然亲切的怀抱，我忘记了不快和悲痛，忘情地玩闹、说笑。我们划船，我们品茶，我们禁不住诗意大发……这一天怎么过得那么快啊！回来时，她们都睡了。璇洗完后也很快入睡了，实在是太累。但我却没有睡意，想到明天就要正式报到，我又紧锁双眉。

走？

留？

我也确定不了。

这里的环境，什么都那么好，能考到这里的都是精英。“有这么好的学习机会，为何不珍惜呢？”我这样想。可是，在这里上学是靠父母的经济援助，如果不是他们花费那么多钱和精力培养我，考上重点初中、重点高中，我又怎么能上重点大学？我的努力和他们的鼓励、支持是分不开的。所以，我得走。我虽这么固执着，可又舍不得这里。

“走吧！”辗转反侧，我终于痛下决心。

第二天，我交了退学申请，清了所有手续，又一身休闲，背着吉他，拖着行李，看似一身沧桑地走出校园。站立在校门口，“J 大”在阳光下是那么刺眼，那么模糊。我忍住泪的滑落，仰起头笑了笑，继续向远处走去，拼命地想我将向何处去？

又是一天的黄昏了，我决定去 B 城。走进车站，踏上月台，随人群涌入列车，挤在硬座上，又开始了新的旅程，明天又是怎样的呢？疲惫的我已进入梦乡。

十五

“你英语几级啊？你有证件吗？什么学历？……”

天！这些话一遍又一遍刺入双耳，找个工作这么困难啊！我去了报社，去了各公司，甚至去了酒店、宾馆，都……唉！没有学历，没有文凭，没有各种证件证明，连好一点的酒店的服务员都当不了，就连酒店服务员都得英语过级。

于是，我在地铁站，一个人蜷缩在角落里过了三个夜晚。我翻看着自己的J大录取通知书，想到了那美丽的地方，那学校的一切……我甚至想到了高中时代，想起我的数学老师的一句话：“无论何时，你们都得清楚地记得，什么年龄的人做什么年龄的事。否则，不会有好的结果。”言之有理啊！孤独和恐惧常常袭击我，我怕得要命，无眠时只能拨动琴弦。此时，这把吉他是我最亲的人。

“给我一个小小家，蜗牛的家，能挡风遮雨就够了，不必太大……”我喜欢唱老掉牙的歌，喜欢歌中流露真情。歌声中，我想起了温馨的小屋、暖暖的被窝，还有母亲悄悄送来的牛奶……想起了舒适的寝室、活泼友好的室友、美味的零食，一条顺手递来的热毛巾……我唱首歌要送给她：“朋友啊天堂好吗？我还厚着脸皮继续活着，我掌声中起起落落，没人相信我的脆弱；朋友啊天堂好吗？我只剩下这样的问候，你实现了你的自由，天地之间任你遨游……”

回忆到此结束。

歌曲也到此结束。

停下来，空荡荡的站台是如此安静。

啪！什么声音？我猛然抬头。

“唱得真好！”一个男儿拍着手对我说。

扫他一眼，我没搭理他，只是低下头。却记住了他半长的时髦发型，挑染了很漂亮的金色，眉目清秀却被头发遮住了，但我仍看清了他的嘴，笑起来很好看。他衣着时尚也背一把琴。

心跳得如此快啊！

“可以再来一曲吗？”他的声音很有磁性，一听就是练过声乐的。

我抬起头又看了他一眼，昏暗的灯光下，还是没看清他，但注意到了那张嘴。好熟悉的一张嘴啊！我在哪里见过呢？在反反复复地推想中我脑中闪过一个名字：诗杰。

“不用怕，我是B大的学生，音乐系的。我只是想听听你的歌，因为你唱得的确很好，而且你是一个背着吉他流浪的女生，我还是第一次见到呢！这引起了我的兴趣。你的背后一定有着惊人的故事。”他很会说话。我还是低着头，不说话。

“如果，你不相信，我有证明的。”说着，他在大口袋里翻找出一些证件递过来。

我犹豫了半天，才接过。学生证、身份证、团证、党证、英语四级证书……我惊呆了。抬头看了他一眼，他依然笑着。打开，姓名：诗杰；照片：那张童年时的脸。我没有看错，就是他。我又抬头看看他，现在已是成熟、时尚的大青年了。我笑了。

“怎么样,这回信了吧!”他很得意。

记得初中时他当班长,也是这副模样,没想到那时的天真、稚气至今未脱。我一直盯着他看了好久,他的脸开始泛红,整个人看起来有些不自在。我笑起来,因为以前的他也是个见陌生女孩就红脸的害羞鬼,没想到现在还是这样,只是他已认不出我了。他很惊讶,低着头在自己身上寻找了老半天,还以为我笑他哪不合适呢!

我弹唱的是一首老掉牙的歌曲《我是一只小小鸟》,他听得很认真,也禁不住跟着唱起来。结束,他送给我掌声。“愿意再唱一遍吗?”他很诚恳。“这算不算要求?”我笑着摇摇头,又重新开始。他坐在我对面。曲罢,他长长舒了口气,先前的笑容早已失去。“怎么了?”我终于开口说话了。他很惊喜。

“想起了一个朋友。”说着,他看着我,一直盯着我看了好久,这次真看羞我了,我低下头,玩弄着手指。

“真的,你让我想起一个朋友。”他很认真,“你长得跟她像极了。”

“我?”其实,我猜到他要说我了,但我还是很镇定。

“对。简直是一模一样。大大的水汪汪的会说话的眼睛,浓浓的眉毛,直挺而秀气的鼻梁,小樱桃嘴。”

“哦,是吗?”

“是啊!不过我们在一起的那时,她总爱穿长裙,留着黑黑长发,简单地束在脑后。她也十分喜欢音乐,歌唱得特好听,总闹着要我教她学吉他,可我总认为像她那样一个乖乖淑女,家庭条件又那么好……在我的记忆里,她老是安静地坐在那里看书、写东西。她永远天真地跟着我问东问西,永远顺从地坐在我身边听我弹琴,陪我唱歌……”说起这些他那么认真、投入，满脸笑容。

“她真的留给你那么多美好回忆？”我禁不住笑了。

“她留给我的何止这些啊！她的性格特温柔，总爱笑，好像永远没有烦恼，她成绩很好……”他得意地笑。

“她没有缺点吗？”我问。

“没有。至少我的眼里是这样。她还是个活泼开朗的女孩，有时不免调皮大胆干点逗乐子的‘坏事’。那时她常常让我弹唱《我是一只小小鸟》，说是喜欢里面的歌词，我也就依着她，常常唱给她听。”说着，他有些失落了。

“那后来呢？”

“后来——后来我走了。我们在一起的日子不过两年多。在这之前我就知道她，但从未见过。她刚转到我们班我就开始追求她，她怎么也不理我。起初，我还以为她孤傲，以为她不可一世。后来才知道，她那时已有男友，我都有点要打那男孩的想法了。”

“打了吗？”

“没有。我觉得挺佩服，挺欣赏她的这份真情与执著。后来，我和她的男友成为了好兄弟，他叫恺旻，一个很好听的名字。她是个很有诗意的女孩，她说爱着恺旻，有如她深爱着秋天。后来，我和她也成了好朋友，无话不谈。后来，我也有了女友。再后来，我参加了一次音乐技能比赛，拿了一等奖，直接被 B 大音乐系录取，我就再也没有回去，一晃就已经五六年了。”他的眼中有泪光闪烁。

“那你有她的消息吗？”

“没有。五六年来我忙于学习个人技能，忙于突击英语，没有再联系过家乡的任何人，甚至是我的女友，她大概也名花另有主了吧!前些天父亲打来电话说她考上J大。我为她而高兴,我就知道她不是一般的女孩。我还想今年忙完,明年夏天去看她,给她个惊喜,然后在她那儿好好玩些日子。顺便和恺旻也好好玩玩。”

“恺旻?”

“对啊!”

“你们联系到了?”

“嗯!她考上J大的消息我已告诉恺旻了,他说过些天去看她。”

“是吗?他是做什么的?”

“在一家电脑公司上班。这小子有本事。”

“那他为什么不上学呢?”

“唉!那小子有聪明不用呗!那时在班上可是尖子生,后来,女友考上高中重点,离开家乡,他也就放弃学业,随她去了。没学上,当然上班喽!不过那小子混得蛮好的。”他羡慕的语气让我内心美滋滋的。

“你笑什么?”

“我?”天哪!他注意到了我的表情。“我——没什么,挺羡慕的。”我扯了个小小的谎。看着他信服地点点头,我暗自偷笑。不过又有一丝失落,这鬼小子居然没认出我来。

聊了这么久,我看了看表,已是凌晨三点多钟。

“你不回去吗?”我问他。

“不,今天就没打算去。”

“哦。”

“你呢?为什么不回家呢?我还不知道你的姓名。”

“我没有家,也没有名字。”

“别开玩笑了！是不是和父母吵架，赌气出来了？告诉我你住哪儿，我送你回家吧。”他看起来心肠蛮好嘛！

“我没有家，也不清楚来时的路。”说这话时，我那么坚定，眼睛里却闪着愤愤的光。

沉默。

已经可以听到地铁车的鸣声，还依稀有人从这里走过。已是早晨的7点钟了。身边，诗杰靠在墙上，低着头打盹呢！他太累了，我从箱子里抽了件外衣，轻轻地盖在他身上。自己则拿了本书忘情地看起来。

他醒来已是两小时后了，那时地铁站人声鼎沸。

“我怎么睡着了？对不起！”他揉揉睡眼，很抱歉地说。看到身上的衣服后很不好意思，“你的？谢谢！”他认真地叠起来，递给我，“饿了吧？走，我请你吃饭。”说着，他站起来身来拍拍身后的土，伸伸懒腰。

“算了，我不去了。”我继续看书。

“走吧。”说着，他拉起我，“干脆，我就叫你樱子吧！”

“为什么？”我很疑惑。

“因为我说和你像的那个朋友叫雪樱！我非常想念她，然而你的出现，又让我找到了她的影子。你太像她了，我叫你樱子可以吗？”

“可以。只要你愿意，我随便。”

他笑了，像个孩子般天真、可爱。

吃完饭，我陪他去买衣服、吃的，陪他逛逛CD店、乐器行，手里的箱子成为我的负担。他带我去了他在校外租住的房子。这里并不大，但是收拾得干净有序，除了单人床和书桌、电脑外，还有一套鼓，几把不同款式的吉他，还有效果器、音响、麦克风。墙角是一摞书，一箱子碟片。CD 机躺在床上。这里还有锅、碗、碟……看来他是自己做饭吃。

“放下东西，快放下，你坐吧！我这里就这么乱。”他笑着解释。

“没关系。并不是很乱。”我拿开摊在床上的一些白纸，坐下来仔细一看，这些都是他创作的乐曲，便认真琢磨起来。

“你看看，瞎编的。”他倒是很谦虚。说着，拉开冰箱，取了两瓶牛奶，一瓶递给我。我的眼睛里充满疑惑。

我笑了。

“樱子，不然你休息一下，我去学校办点事。”

“好啊！你去吧！不必管我。”

“嗯！噢，差点忘了，留个电话给我吧！以后我联系你也方便嘛！”

“没关系，你打给我吧！”他拿过笔，快速写下电话号码，出去了。

在想着这段日子里的故事，感叹世界还太小时，我却不知不觉睡去了。是啊！我太累了。

醒来时已是下午 5 点。诗杰还没回来，这正是我所希望的，因为我又决定要走。于是留条：

诗杰：

非常感谢你对我的关心和照顾。

我毕竟是我，而不是你心中的雪樱。她在你心中是个公主、才女，而我在现实中是个孤独浪人，我们还是有区别的。

我走了。你要照顾好自己。

感谢你的人

十六

锁上门,我又漫步在街头。

不知不觉来到了B大门口,我仰慕这里,但又无缘相处啊！站了一会儿,我觉得很累,但继续在这附近的街上溜达着。不知走了多久,无意中我看到了一个招牌“No.1 Music Beer Coffee”黑白两色搭配的招牌,门面看起来古典而又时尚,门边上的橱窗里有各种各样的鱼在游来游去,底下铺满彩色的贝壳和石头。灯光下,它们格外鲜活玲珑。这些强烈地吸引了我,推开门,我走了进去。

这里并不大,也没多少人,和一般pub内的设施基本相同,暗暗的彩灯、一张张的小桌……与众不同的是,这里还有个舞台。

我走到吧台前,服务生招呼我坐下,我说要找老板谈谈,他倒了杯茶给我,到后边叫老板去了。

不一会儿,一个阳光帅气的男孩向我走来。他非常友好地向我问好,我回复。我觉得自己已深深喜欢上这里。我问他,我是否可以留下来工作,他笑得很灿烂,只是问我想要做什么,我回答:“唱歌。”他再没有多问什么就点头答应了。他派人取来合同,我们很快达成协议,没有期限却清清楚楚地写着:每晚8:00—12:00是我的场,自己安排时间,编排节目,无条件限制。12:00—4:00是别人的场(一个男孩)。薪水依时间计算:每小时15元,一周发一次工资。

我激动得不得了,能遇到这么好的事,这是个机会吗?这又会不会成为骗局?我高兴,但又害怕。

“我住哪里呢?你没有问我的姓名,没有留我的电话,放心我吗?怎么联系呢?”

“哈——哈——哈”我的疑问惹笑了他。“疑人不用,用人不疑!”他的言语简洁明了,一听就是个文化人。“我叫海涛,也有人叫我海哥,随便你怎么称呼!‘Hi’也行,看你也不过20岁吧,与我同龄。店里有电话,可直接call我,如果在外面,拨我手机。OK?”哇!闪电般的简介,不过我却是记牢了。

“我喜欢你的性格,你的气质和你的素质,我会认真工作的。我叫雪樱,有人叫我樱子。想想美丽的雪花樱花飘落的情景,就不难记住我。That's all!”

“好!”他笑着拍拍手,“我也喜欢你的大胆、直率,你的才气。”他笑起来眼睛特迷人。“樱子,好名字,如同你的人一样美丽!”他这一夸奖,我倒脸红了。“来,我先安排你住下吧!”说着,便过来拎起我的箱子朝后边走去。我顿了顿,又赶忙跑过去,跟上他。原来工作室后有侧门,出去是个大花园,穿过花园是一条小吃街。我们沿街向里又走去,大约有个两百米左右吧,又拐进一个大铁门,由于走得急,又忙于认路,我没看清这大门左右两边的牌子。只知道进来后,首先看到的是一大块草坪,另一头是一排排整齐的楼房,淡淡的粉色在午后的阳光中显得格外柔和。楼房两侧是一条石子路,路的一旁全是树,不过叶子都开始泛黄了,还有些打着旋儿落在石子路上——这里太美了。

“怎么样?”海涛停下脚步,转过身来问我。

“这太美了，简直又让我走进了J大。”我控制不住自己的感情。

“J大？你是J大的学生？”他惊疑。

“现在不是。不过曾经考上而已。”我无奈地笑了。

“此话怎讲？”

边走边给他讲我从J大到现在所发生的故事，但始终没有告诉他我的家事和我与诗杰在一起的事，因为我觉得不是时候。我只是说没有那么多资金让我继续待在那里，我说我没有家，因而没有了方向。他叹息，而后我俩都沉默，石子路上只有踩过落叶的嚓嚓声。我觉得这段路是如此漫长。

“好了，就这儿吧！”听到他说这句话，我们已站在3号楼前。“我们上去吧！做好准备，爬5楼啰！”他欢快的笑声打破了刚才沉默的局面。

“别小看我，我可在体育竞赛上常拿奖哦！”我才不服输呢！

“哦？那我们比试比试？”他一脸调皮。

“比就比，谁怕谁！”我一仰头，朝面前的楼门口冲去。

“喂——喂——喂，樱子，你先等等！”他在后面急忙喊。

“怎么，怕了，还是认输了？”我得意洋洋地做了个鬼脸。

“不是。哎呀，你走错了，是旁边那个单元！”他终于笑出来了。

“啊？不会吧！”

“哈——哈——哈”我俩都笑了，前俯后仰的。

这时，我才发现有个女孩在海涛身边，拍拍他的肩，“哟——我的主席大人，什么事儿你乐成这个样子，捡到了一车银子？”这女孩说话又风趣又可爱。我一直在看她，但她没注意到我。

"银子？哈哈哈，何止一车呢！"他还没从笑声中拔出自己。

"那你岂不是发了？"

"对啊！"

"那就——"

"请客！"两人一同大声说。

看着他俩滑稽的动作、表情，听到他俩的对话，我也禁不住扑哧一声笑了。女孩看看我，傻傻地笑了。

"你好，你好，你好！我叫木木。"她的问候倒吓住我了。这么可爱的女孩，一脸的天真与稚气，像个小孩儿一样的乖，还这么大方有礼，我还是第一次见。

"你好！我叫雪樱。"

"雪樱？"她重复了一遍，脸上写满问号。

她又立刻说道：

"哦！多美的名字啊！和你人一样美。"她看后，像海涛一样给我很高的评价。

"你是新生吧！住几号楼？学什么专业的？怎么今天才来？我们都报到半个月了？你……"还没等她说完，海涛已不耐烦了，"得，得，得，你够了没？我还正找你呢？走走走，咱们上去再说。"

"上哪呀？"

"楼上。"

"楼上？"

"你房间？"

"去我房间干什么吗？"

"说事。"

"说什么事啊？"

“……”面对她的天真与“坚持不懈”，海涛无言。我却笑了。我开始喜欢这可爱的女孩儿。

“有病！怎么不理我啊？”她依旧追着海涛问，可海涛没有搭理。

海涛转过头来对我笑笑，无奈地摇摇头。

“你笑什么？摇头干吗？……”她又开始了。

抬头看看前面，海涛已跑开了。

“517 室，是这里吗？”看见门半开着，我问木木。

“对。是这里，进来吧。”

天哪！这比我想象的、比 J 大的房间还要好，我形容不出。而且这是两人间。进去后，我们坐下来。

“木木，听我说，但不许问为什么。”海涛先提出一个要求。

“为什么？”木木还是禁不住开口，海涛气得皱起眉。我笑了。

木木自个儿也无奈地笑了。

“好啦，说正经的。樱子在我那儿上班。8:00—12:00 的班，所以我才安排她在这儿住，OK？”

“嗯！”她听得很认真。

“而你呢，不是是非之人，况且又一个人住，什么都不会做，让樱子陪陪你，或许你会成熟些，毕竟她比你经历得多一些。但她也是个刚毕业的学生，是考上 J 大的，但后来……我也不清楚，反正就是现在这样，反正你俩就互帮互学吧！”

“嗯！可是……”她点头，欲言又被海涛打断。

“千万别问我为什么，我不知道，你问她。你可要记住别太烦她，OK？我去办点事儿，六点钟我在正门外等你们，我们一起吃饭。”说完，他转身就跑了。

我和木木哈哈大笑，她抱住我不放，说好高兴，终于有个伴儿了。她的亲切让我不再有陌生感。我换了一条牛仔长裙，别了一对漂亮的小发卡，拉着她的手，一出门。我们路过看台、球场、图书馆、体育馆、餐厅……我觉得……还没等我开口问这些，已经到大门口了，海涛在外面挥手。怎么这地方好眼熟？出了门我回过头去，看到了 B 大的牌子，惊住了。想到刚才所听到的“主席”、“公寓”、“报到”……我才恍然大悟。想问什么又没有再开口，木木已经拉我上出租。

世界真的这么小吗？

吃吃、转转、玩玩闹闹，已十一点了，我们打车回了公寓。我收拾好该收拾的，洗完……一切就绪不知何时了，反正木木已入梦乡，我悄悄上床，关掉灯也睡了。

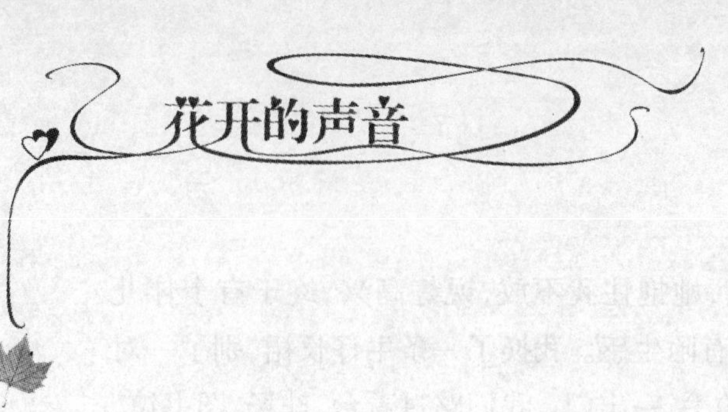

十七

起床时，太阳已经老高，旁边的床很乱，看看书桌，才知道已经是九点多钟，木木早走了。我起来开始收拾屋子，看着整洁的屋我才松了口气，坐下来，可是，现在做点什么呢？海涛让我星期一晚再去上班，翻日历，还有三天呢！

窗外偶尔传来几声鸟叫，阳光洒进屋来，我靠着被坐在床上，拿起书看起来。温暖的阳光照在身上，惬意极了。我在看一部爱情小说《有多少爱可以重来》，这本书是刚与恺旻分手后买的，当时我只是单纯地看上了这个名字，断断续续地随便翻了翻，现在，我又捧起这本书看了。因为，那天在地铁站，诗杰睡着后我实在无聊，就随手翻了翻，才发现了它的魅力。

木木什么时候来的我不知道，只是知道我告诉她们不去吃饭了，知道她中午挤在我床上睡的，因为她回来看见我给她铺得展展的床，叠得整齐的被激动得不得了，又舍不得去碰了。她什么时候睡起来走的，我也没怎么在意。当我觉得饿得不行时，看表才知道已是晚上十点多，而木木爬在电脑前玩着游戏。我强烈要求她陪我出去吃点东西，她追着我，打我，我俩一直闹到后门外的食品街。填饱肚子，高高兴兴回去睡了。

脚好疼啊，我硬着头皮醒来，灯亮着，木木在卫生间忙着。看看脚，天哪！我就知道要下雨，我的脚趾紫得让人心颤，疼得揪心。穿好衣服，整理好床铺，拉开帘子：果然是个大阴天。

木木走后，我收拾完屋子，坐在窗前发呆，脚趾的剧痛，撕裂一般地揪心，我紧咬着嘴唇，忍受着，但又不愿躺下，我告诉自己绝不认输，要站着，要坚持到底。忍住疼痛的泪，努力不让它流下，然而泪水已模糊了我的视线。

郁闷！这种天气压抑着人的心情、情绪，沉闷得让人难以呼吸。伤感突然袭来，看着窗外被风摇动的草、树，被雨水冲刷的一切，它们也是伤感的，它们同我的心一般，在哭泣。雨下得稀里哗啦，我的鼻尖贴在玻璃窗上，冷！我的手指冰冷冰冷；脚，早已麻木。

像莫文蔚歌里所唱的：阴天，在不开灯的房间……我静站在窗前，思绪万千。我想到恺旻，他要是看我的话，也早该到J大了，发现我不在，或者知道我退学，他会……我不敢想。我想到诗杰，他如果看到我的留言，那又会怎样？生气？或者着急？也或者，无所谓？……我不敢想。我想到木木，她一定在认真听着讲义，也或者，同我一样望着窗外发呆……我不敢想。摇摇头，我什么都不想，什么都不敢想……因为太痛太累。

孤独的我此时只能抱着那把陪我流浪的吉他。抱着他，我才会舒心，才会有极大的安全感，我又开始弹唱那些老掉牙的歌曲。唱完后灵感大发，写了几首歌。我是属于那种有艺术天分的人，而且感觉好，平时就爱抄抄写写的，所以，这点感触小作对我来说并没有多大难度。

等木木回来已是十二点多了,我还没睡,坐在床上看书,吃着零食,向她打招呼。

“嗨!回来了。”

“嗯。我还以为你睡了,悄悄进来的。嘻嘻!”

“你今天看起来非同寻常,有什么高兴事儿?这么开心。”我打趣。“怎么,约会去啦?是不是山盟海誓,天长地久啦?!”

“没有。说‘恋爱’啊!那与我无缘,我天生就不是这块料。”

“是吗?”

“那当然。今天是B大音乐系学生的汇报演出,整场晚会从8:00直到现在。你不知道,那些……哎呀,帅得不能形容……我见到那个大三的Dream Angel乐队的主唱了,他弹的是把绿色黑花的电吉他,他太帅了,太迷人了……”

当木木还沉醉于她的感觉中时,我已知道Dream Angel乐队的那个帅主唱是谁了。我觉得自己的感觉没有错,那一定是诗杰。我笑了。

“笑什么?你不信啊!哪天我带你去见见他。”

“你们认识吗?”

“嘻嘻,没有。只有今天见了一面,他对我笑笑。”

“哦!”

“不过,他和我哥哥同级。”

“你哥哥?”

“对啊!你不知道吗?海涛。”

“海涛?”我大吃一惊。

“是海涛,怎么,他没跟你说过吗?”

“没有。从没提过。”我不敢相信自己的耳朵。“他怎么是……”

“嘻——嘻——嘻”这女孩得意地笑了,“海涛就是我哥哥,B大大三学生,经济系学生会主席。”

“哦!原来是这样。”我恍然大悟。

“哈——哈——哈!”两人笑得开心极了,结束了今晚的对话,睡了。

周末,我们都在睡懒觉,正香着呢,听到木木的手机不停地叫,我醒来,推搡着毫无反应的她。

“什么事啊?让我再睡一会儿——”这懒猪,撒着娇转身又进入状态。

“什么事!你的电话。快,起来接听,吵死了。”我也不耐烦,我还瞌睡着呢!说着,我把桌上的电话放在她耳边,吵死她,看她再赖皮。然后又转身钻进被窝,闭上眼。

深秋的被窝总是这么舒适、暖暖的。我啊,要好好再续我的美梦。

“啊——真的吗?哈哈哈”

“天哪!”我也禁不住大叫起来。

转头看看,木木这家伙已经坐在桌子上啦。Oh,my god!她想干什么啊,接了这个电话,她就傻兮兮一个劲儿大笑。晕!我转向里面,用被子蒙上脑袋,可是,刺耳的笑声不断侵袭我的神经。

“你要干什么呀?”我没好气,“我最讨厌别人打扰我睡觉了。”

“哈哈哈!”她还在大笑。

“你有病啊!”我真恼了,发疯似的大喊。

“哈哈哈,我有病?!哈哈哈,你才有病呢!我们一块儿的姐妹约我去见那个 Dream Angel 乐队的主唱，说是明天中午一起吃顿饭。My god！这是多么令人兴奋、激动的事儿呀，我幸福得快要死掉了。你去吗？我们一起去——见帅哥，哈哈哈……”

“哎哟，我还以为……”话没说完我便扑哧一声笑了起来。

“你笑什么啊？”她拉起我，让我看着她在屋子里来回走。看她一件一件地试衣服……“你说，我该怎么去见那个帅哥？”

“哈哈哈！”这回轮到我开怀笑了。“平常、自然、坦荡、真实。”

“就——就这样啊？”

“嗯，内在胜于一切！信不信由你。”

十八

说完我又蒙上被子。木木什么时候走的，我也不知道。她什么时候来的，我在 pub，也不知道。只知道我那天唱得很成功，赢得了许许多多的掌声和鲜花，只是没见到海涛。后来的一周就这么来了去了，全部的生活就是弹唱、创作、睡觉。从没见到过海涛，也没问过木木什么。后来，我觉得生活有些单调、空虚，总觉得一天天这么过也不是个事。终于有一次鼓起勇气问起木木一些关于学校的事。譬如上什么课啊、有多少人啊、怎么授课啊、怎么考评之类的问题，还大胆地问她能否带我去上课。木木说，如果被抓住了，后果不堪设想，但我一再坚持，于是我俩做了计划：每天早上去上课，坐在后排，估计他们也发现不了。

我开始了新的生活，早出晚归，认认真真，潇潇洒洒。尽管每天要顶着危险去学习，但是为了生活，我不认输，不放弃。我一直相信自己能坚持到底。由于忙碌、劳累，我没工夫再去回忆、憧憬什么，只是看着眼前，一步步该怎么走好。记忆深处的那些人似乎已被淡忘，我依然是我，却比以前充实。突然间觉得自己长大了许多，懂事了许多。我不再为离开 J 大而怨什么、悔什么，因为，我觉得能有今天这个“机会”，已经很不错了。我就当自己是位 B 大的学生。我跟木木学习,在中文系。虽然我没有参加各种考试,但我已非常满足。潇楠的话:“知足者常乐!”的确如此。

这样的生活,不知过了多久。未来会如何,我不知道。做好自己该做的事情,应该无愧无悔,即使有痛苦。突然,海涛要举行party,什么时候我已不记得。那天pub挤满了人。我在欢呼、掌声中弹唱、舞蹈……记不得去的人都是谁了,而记忆清晰的是第二天海涛给我的一封信:

樱子:

你好!

我万万没有想到那个被我叫“樱子”的地铁站弹唱的女孩就是你,我的知心好友。我更没有想到听了我那么多故事你却依旧骗我。你怎么可以这样,一声不响地走了。你以为一张留条能压住我的担心与思念。还好,你一直在No.1 Pub,一直在B大,不然,要我去哪里找你呢?

不要再骗我,不要再躲闪,也不要拒绝。我已确认你就是雪樱。No.1 Pub的店主海涛是我的三年死党。

诗杰

噢!怎么会这样呢?拿着信纸的手开始颤抖,双眼已模糊。我一头扎在床上,这些天来憋住的泪水一下子涌出,让我一次哭个够,让我哭个痛快!

两天后的晚上,在No.1 Pub我见到了诗杰,他就坐在舞台附近的桌旁,他和海涛聊着天、喝着酒、听我弹唱,脸上露出满意的笑容。这晚我们都没有回去。Bottom up！三个人重新认识后，聊得很投机，喝了足够多的酒，但并没有醉。

这次相聚，我从木木那里搬出来，又搬进了诗杰的房子，就是最初去的那间小屋，我们换了高低床，我上层，他下层。他又是帮我整理东西，又是叮咛这嘱咐那，我真有点不自在了。要知道，上次他当我是外人都那么热情，更何况他现在知道我的身份了呢？我们一起吃饭，一起逛街，一起去上课，每晚依然在 No.1 Pub 与海涛以及那里的朋友一起度过；周末依然去那个初识所在的地铁站的楼梯口，不过不是去卖唱，而是去回忆，去找那初识的感觉……这样的生活对我而言已经很满足，感觉很不错了。

我们一起生活了一年，诗杰终于将半年前谈的女友拎进这间屋子，他们住在我下面，依旧如从前一样我们自己做吃的，一起……虽然有许多笑声，但是我觉得很勉强。因为我在这里是多余的，真的，或许一开始踏进这个屋子就是个错误。本来我们男女上下一床而居就很是尴尬，现在呢？我又与一对热恋中的人同屋而居，真是尴尬，我不能继续住下去。海涛建议让我重回宿舍，而我拒绝了。不是我不愿陪木木，而是住在那里我上下班很不方便，俗话说“夜路走多会遇到鬼的！”当然我不是仅仅因为怕什么“鬼”，要知道，在 B 大偷偷混课上都已经很是放肆，如果再混吃混喝混住，那……那我真的良心不安啊！要真被逮住了，怕是会害到木木，甚至海涛……我不敢再想，这也是我厚着脸皮住在诗杰那里的原因。不愿寄人篱下，我想我也应该有个落脚的地儿，有个属于自己的窝。

拍拍鼓鼓的钱夹，我信心十足。这么长时间的辛苦没有白费，靠自身这点小本事竟有这么大成效。整整一天，走街串巷，电话不断……还好在我上班前，终于找到一间令我满意的小屋，和诗杰的差不多大，只不过在高层楼里，乘电梯到十九层，935室便是。可喜的还有No.1 Pub就在这栋楼下。

拨通海涛的电话，我说要请假搬家，他先是一惊，后来二话没说，陪我去了诗杰那儿，诗杰和女友买了一台小电视，正玩弄呢！其乐融融。他并没有挽留我，只是拉着女友的手站在一边，看着我爬上爬下忙活着，这一次他没帮我，我没什么话可说，只是抹抹头上的汗微笑着，就像初来时一样，背着吉他，拎个大旅行箱。不过，没有那时那么茫然，那么失落、吃力，依然要面对孤独，然而我是快乐、充实的，没有遗憾。

"很狼狈吧！"我站在门口，回过头来，耸耸肩问诗杰。

他只是笑而不语，轻轻摇摇头。

"笑什么啊？我要你说话，要你正视我的问题！"我也笑了。

"别翘起嘴巴，不然我要挂油瓶了！"俏皮的话音刚落，他已在我身旁了，一只大手狠狠地拍在我肩上。

我居然一丝未动，看着他充满信心的眼睛，那鼓励的眼神，我会意，伸出手，也狠狠地拍在他肩上，不用言语，我的眼睛也会说话。

"不是'狼狈'，而是'成熟'！樱子，你长大了，坚强了。"

"你也是。诗杰。"

啪！我们在空中击掌，这是彼此的祝福。

海涛帮我拎东西回到我的小窝，并且和我一同打扫干净，由于店里还有事，他先去忙了。

剩下我一人，继续很有劲地忙活着，收拾房子，将随手买来的装饰花、几枚各具形态的水晶饰品、卡通台灯都摆放在一定位置，还有暖水壶、锅、碗、盆、碟……好在这间小屋里还有一张并不大的桌子，带有抽屉、柜子、两把椅子、一盏台灯，木制地板也挺亮堂的，我以后就可以穿着白色袜子来回走动。屋子虽小点儿，一经收拾，看起来也蛮有气派，租用费也不过同诗杰的小房差不多，一月三百元(含水电费)。不过说真的，这儿的确比他那儿舒服，实惠些，只是少了张床。不过没关系，我有厚厚的被褥，在木地板上一铺，就 No problem！地铁站都睡过，对于我这算得了什么呢？一切就绪，泡好一杯红茶，闻闻那玫瑰似的香味，我满心地倒在“床”上，闭上眼睛。哇！好舒服啊，这么安静，只有轻轻的呼吸，均匀的心跳，只有我。我突然坐起身来，顿了顿，打开旅行箱，扒开层层衣服，抱出一个橙色毛毛物，还蛮大，猜是什么呢？嘻嘻！就是恺旻送我的生日礼物——落水熊。没想到吧！千里迢迢我还是无法割舍那份感情，我冲动，但也还是冷静的、理智的，虽心存思念，但仍旧努力做我做的事，而且做得很出色。我无悔！

躺下来，怀中紧抱着这只心爱的熊儿，享受着小屋暖暖的橙色顶灯灯光……不知不觉，我睡着了。若是有人在身边，会看见从我眼中流出的那行思念的泪。可是，没有人看见。

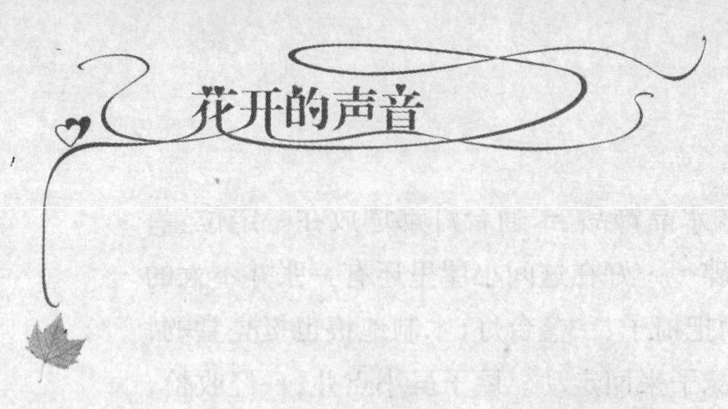

十九

又是新的一天到来。

早晨起得很早，我在楼顶平台上晨读英语，因为今天是个周末,没有课要上。感受着秋天凉凉的清风,舒服极了。我去楼下不远处的超市购买了一些蔬菜水果和一大堆零食回来。CD 转动,曼妙动听的音乐响起,我也洗洗切切开始忙活,心里头乐得也禁不住和着点子“摇头摆尾”哼唱着歌儿。告诉你们吧！早晨诗杰发信息给我,说是来贺乔迁之喜,还有海涛和木木同来,我高兴得不得了,想招待招待他们。嘻嘻！记得和木木一起住的那时,她总抱怨学校伙食开销大,但营养、味道却太差,常嚷嚷要我做顿饭给她吃,但由于我们住的是学校宿舍,所以一直许诺,一直未兑现。想想今天就可大显身手，满足她所愿，更乐呵了！觉得时间过得也飞快，你们听——

劈里啪啦……听见鞭炮响了吗?

我还没回过神来,一群人一拥而进,浓浓的烟火味弥漫而来,这是喜庆的味道,是快乐的味道,满足的味道。瞧瞧,都没站脚的地儿了。诗杰，这未婚的小两口子和他们买来的一米多高的大毛茸熊，奶白色的卷卷长毛，圆溜溜的大眼睛，可爱极了，他还买来一台CD 机（音响效果比我的那台要好得多）和一些我喜爱的碟片。海涛抱来一箱红酒，还另有几瓶红星二锅头，放下后，又递给我一台笔记本电脑，真的很让我吃惊。最后进来的木木气喘吁吁，她拎了一大袋的易拉罐饮品，一些菜碟碗筷。知道我这里条件有限，她都准备好啦。从 No.1 Pub 拐来的，真周到啊！还将几本精致的笔记本，一支名牌钢笔放在我手里，看着他们的笑容，我的双眼模糊了。

“给你找了个‘老公’，樱子，晚上不再会因一个人睡觉而害怕了，家的感觉哦！”

“今儿大家喝个够。不醉不归！樱子，这个给你，在我那儿这么长时间，辛苦你了。要是没你的辛劳，我也不会有今天这些成效。小小心意，收下哦！一个人在这么大的都市，我想你一定很需要它。就像我的 No.1 Pub 需要你一样。”

“樱子，你真的长大了，也能独立生活，我真的好羡慕好佩服你！有自己的住房，有自己的工作，有自己的生活，而我呢？还好笨！好傻！什么都不会做什么都要靠别人。以前就是这样，全靠奶奶和爸妈，现在依然是这样，又靠我哥哥……这些本子、这支笔赠给你，我还会带你去和我一起上课，让你同样学更多东西。”木木也有感而发起来了。

“樱子……”

“……樱子！”

…… ……

他们一句句的问候，一句句的祝福，一句句的嘱咐，一句句的玩笑……一句句宛如一串串风铃，在笑声中回荡——久久——我泪流满面，不知所措。

回过神来，看清他们一张张笑脸，才发现自己犯了一个多大多傻的错误：啊！怎么不赶快让他们坐在我的地铺上？怎么不赶快倒茶水给他们？怎么让他们都站着呢？怎么……还是先拿来纸巾擦干激动、高兴的泪水吧！

炒菜、做饭我早已得心应手，没多久，红、绿……酸、辣……荤、素……各色、味的菜肴上了八盘，另配凉菜四小盘。大白米饭每人一碗。由于占地面积极广，我在“床”上放了块大木板，铺上油布，就OK了。席地而坐，一双双套着白袜子的脚丫儿一会儿在后，一会儿在旁，始终俏皮地寻着个人舒适的姿势、位置，至于鞋子嘛，一进门就被轰走，全在门后架子上歇着呢！

轻轻的乐曲在屋里荡漾，快乐的人们围坐在屋里品着菜，聊着天，喝着酒、饮料，其乐融融。

“香啊！我还从来没吃过这么好这么香的饭菜，家里很少吃辣子，很少吃米饭的。来B城后才沾上辣味的。”

“那你就多吃点啊！我只是随便做做，不好千万别勉强。”

“哪里不好啊？海涛你敢说个‘不’字吗？”

“诗杰，我真想说出个‘不’字让你听听，可是樱子她不给我这个机会啊！”

“哈哈哈！”小屋里又是一阵笑声。

“你吃吧你。你们俩啊——谁都没这个机会！”说着，我夹了些肉给这两个调皮鬼。“来，吃这个，堵堵你们的嘴巴！”

“你先别忙堵我的嘴啊！让我说些好话，说些实话行吗？”

“不行！我对你和海涛，一视同仁。”我故作严肃。

“哎哟，我还是得说，你做菜给我们，让我吃得香香的，让我想家，想起了亲爱的妈妈——”这坏小子，声调拉得很长。

“啊——你竟然——”我气得说不出话来反驳他，就夹了一块大肥肉硬是塞他嘴里，作为对他的小小惩罚。

“妈呀——我讨厌肥肉！”他大叫着倒在地上。

“哈哈哈！”我们笑得前仰后合。

“别管他，再调皮就再喂一块大肥肉给他。”诗杰女友拍着手乐呵。

“别啊——我起来，我乖乖吃好好香的饭菜！”诗杰装命苦。

大家又说又笑又闹，而木木在干什么呢？我向身边一瞧，看着她“埋头苦干”，我忍不住又开起玩笑来。

“同志们，大生产就得大消费，莫言语，多吃菜，少吃饭！”

大家都会意地笑了，一齐将目光投向木木：“噢——知道了，向木木这位‘劳动模范’学习，坚决完成任务！保证完成任务！”

这小丫头儿说她傻，说她木，还真的是，说完她了，她才慢慢抬起头，一脸茫然地看着我们：“我？我？我怎么啦？”

“没，没什么！”我们齐声回答。

“你们怎么了？”木木一脸茫然。

“没，没什么！”我们说。

“为什么？”她老毛病又犯了，又开始问“为什么”了。

话还没说完，“得，得，得，我听见你说‘为什么’就头痛。吃啊！”海涛不耐烦地打断她。

她愣了愣，依然很奇怪地看着我们，然后问海涛：“哥哥，为什么你听见我说‘为什么’就……”

“拜托！别再说‘为什么’了，OK？”海涛真的无奈了。

“那到底为什么啊？”她依然不解地问。

“啊！我疯了，你吃啊！”看海涛欲哭无泪的样子，我们都笑得无奈，笑得肚子痛。

“吃什么啊？”木木又追问。

“饭！”海涛坚定地回答。

“只是白米饭，你吃给我看啊?！”木木她倒生气了。

“你怎么——怎么这么简单，我的意思是吃——桌——上——的——饭——菜！明白？”一字一顿，清清楚楚，讲完后海涛才嘘了口气。

“这样不就行了吗？连话都说不清楚！”木木倒指指点点，瞪着海涛！

“神啊，救救我吧！”海涛痛苦得倒在地上。

“哈哈哈！”笑死我们了。

“学生会主席！主席！你也有今天啊！哈哈哈……”诗杰大喊着，笑得满地跳，我和他女友眼泪都笑出来了。

“谁叫他是我哥哥呢？”木木倒挺理所当然。“吃饭吃菜，别理他，我还从没吃过这么好吃的饭菜，而且是樱子做的，快点！快点来吃啊！让他躺吧！再不起来我会去痒痒他，嘻嘻！”说完夹了一大筷子菜塞进嘴里，捂着嘴偷着笑呢！

“啊——别来这招！我起！我起来好好吃！这辈子遇上你，我实在是亏大了。”海涛摇摇头，坐起来，叹口长气！

不知吃了多久才结束。刚撤下菜碟，又端上来酒水。

“Bottom up！”

一场持久(酒)战又开始！

依然是聊啊、喝啊、唱啊、跳啊，真的不知有多久了。喝了很多酒，头晕晕的。这是离开家乡后第一次开怀畅饮，我想应该是醉了。但还清楚地记得我们坐在楼顶上看星空，吹凉风……

当我醒来时，阳光已洒满小屋，自己躺在地板上。再看看周围，哇！大家都还在睡，横七竖八躺了一地，天啊，这么“壮观”！不禁笑了。我没有打扰他们，只是悄悄起来，轻手轻脚忙着给大家做早餐，直到他们一个个陆续醒来，一起吃完早饭后，休息休息，逛了逛公园，午饭后就各自忙各自地去了。

独自一人，闲下来的时候，坐在屋子里头品着茶，晒着太阳。那一种清清淡淡、平平常常、慵慵懒懒的感觉，是我最喜欢享受的。心也是最舒适、最安逸的。流浪的心是一杯淡淡的茶，虽有一丝苦，却也有一种清香。关键在于品茶人的心情。

接下来的日子又同往常一样，上课，吃饭、创作、工作、领取我劳动工薪、进出银行，还会去公园散步，偶尔写写东西……有空还会出去聚聚。我始终未看过一场电影，觉得那太无聊。再说，有台电脑就可以在小窝里上网、查资料、选听好些新歌老歌，还可适当看看影片！小日子过得可滋润了！独自生活在他乡能与久违的儿时伙伴相遇，实在是太不可思议，又遇上这么一对好心兄妹，真的……怎么说呢？总之，我会记得他们对我的好，给予我的帮助。这些真的太难得，突然觉得自己那么幸运、幸福！生活里又重新有了光明。可我依然会莫名地落泪，因为我想家，想他——恺旻，想知心的朋友，想家乡的容貌。

早就说过时间如梭，很快要过年了，学校也放假，只有我们5

个“铁杆兄弟”没回家。

留在古城过这个古老的节日，真的别有一番滋味，处处张灯结彩，喜气洋洋，很有气氛。然而对于我，越是看见人们忙碌的身影、喜庆的面孔，以及他们忙着张罗、开心的笑、大包小包购物回家、车站的长队……我的心就越是难受，一点一点地痛……此时终于肯定了倔强而固执的我这么多日子里根本没法儿学会放弃，那也是养我十几年的家，养我十几年的父母啊！怎能轻易断肠？轻易道别？说走就走，这么久没有任何联系，他们还好吗？多少次输入那熟悉的号码，却又无力拨出……

年夜饭是在 No.1 Pub 吃的，和一些未回家的大学生、白领们一起欢度。而这次 happy 的场面更伤我的心，因为他们都有很高的学识、丰富的经历，而我……只不过是个外来的“打工仔”，因此，做完我该做的那份工作，就离开了这欢闹的氛围，诗杰、海涛、木木他们都没能留得住我。回到我的小屋，躺下来，看着天花板发呆，安静极了。我想，这才是我所追求的一种平静，才是属于我个人的世界。

没有回家，没有挂电话给家人，没有联系任何朋友，虽然我默默地收下了他们给我的问候，给我的祝福，但是所有来电一律拒接，甚至是恺旻！我怕！我怕我会崩溃掉！这一年来，我忍痛忍寂用泪水浇灌我的信心、动力，用泪水筑成新的我。我怕一旦触及他们的关心、热情、声音……我又流泪，流到崩溃！我怕啊！“忍”字为伴，“勤”字随行，我又熬了半年。

二十

又是一个夏天。

火辣辣的六月，在 No.1 每天都有很多人喝酒、听歌……乘凉、消遣……接近暑假，学校学生们忙于应付考试、写论文，所以没有课要听。于是我开始在这里上全班。下午 3：00—6：00，吃饭，饭后，8：00—12：00 下班。说好是“义务”服务的，可是海涛坚持要按合同发薪给我，还说要我做什么助理，替他处理一些 pub 的大大小小事务，这令我很不解，但还是接受了，反正闲着也是闲着，况且是有收益的。我在跟 pub 的小王学调酒呢！日子悠闲，但依然充实。但是，更加疯狂地思念恺旻，是六月的热情点燃了我思念的火种，而后疯狂燃烧，烧得我的心在痛，烧得我无法呼吸，烧得我的泪啊，都似乎干涸。

某一天的晚上晚饭刚过，收到诗杰的短信，他说要我今天上台打扮漂亮点，有个小小的聚会，给我一个惊喜！不会是给女友开 party 吧！要么就是海涛，是不是找到 girlfriend？还是乐队……哎呀，不想了。已经都 7：30 了，打开旅行箱看看里头各式各样的衣服，随手拿了一套穿上，站在镜前欣赏自己：瞧！瘦了几圈啊？这条白色中裤有点松了，不过裤腿上那排水钻韩文在落日余晖的照耀下，闪动着，如一个个鲜活的生命在跳跃；裤腿两侧的翠绿色纱条轻轻舞动，上面的小蝶儿和叶子也似活动的生灵，让人看了就能感觉到一丝清凉，再配上一件满是彩金英文字句的吊带短衣，一双紫色白边的休闲鞋。怎么看都美，正面、侧面的完美弧线让我自己都不敢相信，同一个我经过不同时间穿同一件衣服就有不同的感觉。扎起马尾辫，再对自己微笑，那种感觉，那么熟悉。妈妈买的服饰，从头到脚都闪亮、难忘！穿着这身恺旻连连夸口的衣服与他并肩走过大街小巷、林地、河边，那种感觉，那么那么遥远，两年半了啊！今天，再次仔细打扮着，眼前却一片模糊！

踏进 No.1 的大门，今天的人格外多，为了赶时间，我没注意他们，只是匆匆往吧台后的工作间走去。但我觉察到舞台正面的那个桌子旁，有好多人一直在注视着我。

八点整的室内钟声响起，在热烈的掌声中，我背着吉他走上小小舞台。坐在软绵绵的椅子上，拨动琴弦，全身心投入演唱，但是，与以往不同的是，总会情不自禁想起恺旻，总觉得他在身边。也许是今天的打扮让我想起了他吧！我是这样安慰自己的。唱完第一首歌，我注意了一下刚刚投来目光的那桌，有个 boy 在向我招手，他还站起来向前走了几步，仔细看才看清楚：那不是诗杰嘛！由于掌声热烈，根本听不清他张着大嘴说些什么，只看见有个大个儿 boy 将他拉回桌旁，看他侧面，好像好像恺旻啊！我惊诧得差一点喊出声来，后来一想，这是 B 城耶！他怎么会在这里？还是别想那么多，快唱歌吧！莫名的，今天手指间流淌的都是缠缠的思念、绵绵的爱意、痛苦的孤寂的快乐的幸福的爱的旋律。我唱得十分动情，赢得了阵阵掌声。有这么多人能赞赏我所唱的、创作的歌曲，我很满意，而且非常激动。最后的两曲老歌《在他乡》、《一生有你》引起全场互动，齐声而唱，真的好感动。我知道这是恺旻最喜欢最喜欢唱的歌儿。而且，今天上来献花的人要比以往多，我的小舞台地板上，摆满了花儿，人群中，我看到一个走上台来，捧着大把的红玫瑰，火红的玫瑰中间有一对百合花，白嫩得让人心疼，下面立刻响起一阵欢呼声。

我顿了顿，羞涩地接过这束花，抬起眼睛看了他一眼——Oh! Dear! 我惊呆了，怎么会是这样呢？你们瞧瞧，瞧瞧我颤抖的双手，瞧瞧我含泪的双眼，再瞧瞧我面前的这个 boy！瘦高个儿，微黄微卷的头发，双眼皮，长长卷翘的睫毛，鼻梁挺挺。眼神？那眼神依然如同往常，有神有言语，有种吸引我的深沉与成熟、稳健，又颇有男孩的俏皮。他——他就是恺旻！我日夜思念牵挂的心上人！是恺旻！我见到了他，我竟在这人生地不熟的地方见到了他，竟在我工作的 No.1 Pub 见到了他，可我却不知所措。

“樱子！”他张开双臂。

“恺旻！”听到他的声音，我也终于开口叫着他的名字，扑倒在他怀里。

紧紧抱在一起。久别重逢的人都是这么情不自禁。掌声、欢呼声再一次响起。

恺旻陪了我三个月，吃，喝，玩……这三个月里是我最开心最幸福的时期，有他相伴，没有孤单和无聊，但相聚的时光总是短暂的。学校开学，我又得溜去偷偷听课，而他也得回去工作，就这么分开了。我没有去送他，他也不肯让我去送，我们都怕离别的伤痛。

再回到空空荡荡的小屋，躺在冷冰冰的床上，回忆和他在一起的每一个情景、每一句话、每一点温存。我始终没有问他怎么会突然出现，没有问他在做些什么，没有问他会不会再来看我……什么都没有问，也没有向他倾诉自己的痛苦，只要开心就好。

之后的日子里，尽管每天晚上下班后都会接到恺旻的电话和信息，每个周末都会上网聊天，身处两个世界的人心却依然靠在一起！我又沉浸于我的爱恋之中，有了更大的工作、学习、创作动力，有了更真实更多的欢乐。

二十一

爱情是空气，亲情是血液。

我不能没有恺旻，也不能没有父母，可是他们又无法接受恺旻，而我又不能够选择放弃。

感情是灵魂，事业是生命。

我不能没有感情，也不能没有事业，可是对于感情我无法改变，也不能够选择放弃。

…… ……

这是怎么一回事儿？我又该如何去做呢？我无法作出选择。

有人问我，既然这么难以选择，为何不快刀斩乱麻？说放弃才是最好的选择，可是，有没有想过：一半是天空，一半是海洋，什么是轻，什么是重？

逃避。

又开始了没有联系的日子。我忘我而充实地活着，却并不是快乐，前途似乎又是一片渺茫。努力不让自己想得太多，于是我爱上了照镜子，对着镜子又哭又笑又说……我开始觉得有些轻松了。神经病般又过了一段时间。当我终于按捺不住心头的思念，拨电话给恺旻，可他的电话不是无法接通，就是关机。偶尔有几次接通了，却匆匆几句话后就挂机。听着电话里头嘟嘟嘟的忙音，我真的又失望又难过。忙！忙！忙！天哪，什么时候都是忙！忙他的工作。工作对他来说胜于一切，而我呢？我又算什么？他连一句问候、一句关怀都没有给我，还时不时会冲我大发脾气！我……我一次次以泪洗面，却又一次次想他，拨电话，送去祝福给他。我这是怎么了?！我自己都不知道自己做了些什么。也许如木木所言，被爱情冲昏了头。

有时候心烦，就用酒精来麻醉自己。喝得很多想得很多，而后又不知不觉睡去。有时候真的想放手，摆脱这烦乱不堪的感情，我想，是因为相处的日子太少，而且性格、爱好又不同，所以没有内心共鸣了吧！也或者缘分已尽，他有心中的合适人选，也许我在外一人过让他太不放心，太失望了吧！也或者……可是我真的很怕分手，我真的很爱他，放不下他。唉！还是矛盾啊！你说这就是爱情吗？庸人自扰吧！

日历一天天翻过，日记本一页页翻过，整整齐齐、清清楚楚地记录着我对恺旻的爱恋和思念，而对友人与父母则很少有。我真的是无法自拔，无可救药了。

傻傻一笑，又开始了孤寂的生活。没什么，我都习惯成自然了！这也许就是我的命运吧！命中注定让我的路这么坎坷崎岖。不过好在我这段时间有个好运要走。什么好运呢？看着电脑屏幕上对狮子座女孩的各项解说，那些神秘的色彩让我也不禁开始做我的好运梦。唉！什么时候交上这个运呢？

看日历，今天是十一月十二日，哎！什么时候又要过年呢？我坐在校园里，看着踢着足球的男孩那般生龙活虎，感叹着时间的飞逝。

“哎呀！都这么晚了，周末还得去工作！”

“就是就是，他们到底想干什么呀！”

“唉，这个表怎么填呢？”

……

……

这么吵!我转头看看，那边走来一群学生，大声抱怨着，拿着纸和笔填写着什么。一定是学生干部吧！说实话，我还真羡慕他们呢！他们从我身边走过，我看见一个熟悉的身影。想想，噢！恍然大悟，这不是那个像恺旻的男孩吗？坐在那儿，情不自禁，目送他远去，我却依旧在看着他的背影，一直在看……看到了初见他的那一幕。

记得初来这里学习时，我和木木在校园里散步，沿草坪一直走到小树林，一路上我给她讲着我和恺旻的故事，乐滋滋地介绍着恺旻 1.83 m 的身高、微黄微卷的头发、上翘的长睫毛、有神的眼睛……她吵着闹着要见见恺旻，可是我哪里有他的照片啊！才发现自己太疏忽，可有什么法子呢？木木根本不知道我出来的原因，根本不知道我已与任何人失去联系，她什么都不知道。我忍着心中的痛楚，笑着告诉她：“他工作很忙的。”正在此时，身边走过一个男孩，很是匆忙。木木还抱怨说他撞到自己了。看着他匆匆而过的背影，我怔住了，站在原地，一直望着他远去，直到那背影在我的视线完全消失。木木还在不停地抱怨，我却笑了。

“你有病啊？走啦！还站在那里做什么？”木木喊道。

“嗯。”我点点头。

“喂——走啦！你发什么呆嘛！”看我没动，她又喊起来。

“嗯。”我答应着，却依然未动。

“喂！”她一个人走了，又回来，在我肩头狠狠一个巴掌。

“搞什么嘛！走啦！”她气极了，大声向我喊道，看到我还在笑，大为光火，“神经病！遇到鬼了啊！”

“对啊！刚遇上的那个男孩——那个男孩——”我拼命地想着，却不知怎么形容。

“那个男孩真是有病，赶去投胎啊！对不？”她数落着。

“不是啦！别抱怨人家了，你有病！”我说木木。

“噢——我明白了，这叫做一——见——钟——情！老实交代，是不是看上他了，哈哈哈！”木木笑道。

“哎呀！什么乱七八糟的。”我害羞了。

“别装了，脸都红了，喜欢就喜欢呗，为什么不去正视呢？噢——刚才太匆忙，没看见他正面是吗？可惜啊可惜！”她不亦乐乎啊！

“什么逻辑?！”我生气了，白她一眼。

“美女姐姐不要生气呀，我可是看清他了，大眼睛、长睫毛，还有……不说了，反正还蛮帅气的。”听她这么说，我真的不好意思了。

“木木，别再闹了。”

“那你告诉我你刚刚发什么愣？干吗停住脚步，又提起那个素不相识的人？肯定是他刚经过你身旁时，偷了你的心！”木木审问我。

“真的别闹了，我只是觉得他像一个人，看起来好眼熟好眼熟，尤其是他高大的背影，像——”我努力地在想。

“哈哈哈！”看我说不出来，木木便大笑起来。

“笑什么呀?！”我很惊诧。

“像爸爸吧！哈哈哈……”说出这话，她捧腹大笑。

“什么呀！人家看起来挺阳光的呀！”我为那小子辩护。

“是吗？”木木疑问。

“我确信，他的背影让我想起了恺旻，真的，像极了恺旻。”我肯定地回答。

“真的吗？”木木听我这么一说，大吃一惊。

“嗯！”我灿烂地笑着“我确信！”

“哇噻！太神奇了，刚才不是还正在讲恺旻吗？”

“对啊！所以我十分惊喜。”

“要是能与他做朋友，那你不是少受点思念之苦吗？”

“是啊，可他是谁，我们根本就不知道。”我觉得很遗憾。

“去打听呗！”木木倒很会出主意。

“老大，这是大学校园，你搞清楚。打听一个人有多难？没名没姓的。”我都无奈了，觉得这丫头傻到极点了！

“那就梦着呗！”

“唉——梦里见吧！”我叹息。

长长的叹息过后，我俩又挽起手，迈着步子，只是安静极了，可以清晰地听到脚下落叶的“沙沙”声。我还在想着那个男孩，想着恺旻，而木木呢？不晓得她在想什么。只是这么慢慢地、安静地朝前走着，此时无声胜有声啊！

从那次见面后就再也没有遇到过他，更何况当时还没怎么注意他的正面，见了面恐怕也不认识，但那陌生却又熟悉的背影，我始终不能忘记，所以这一次的偶遇加深了我对他的记忆。他的确长得要比恺旻帅多了，而且又是学生干部，也应该算是位有名人士吧！我对他有好感，是那种浓浓的喜欢，是一种大于友情，却小于爱情的喜欢。可是怎么认识他、靠近他呢？又是一个难题。

欣喜？失落？

我觉得很无聊，便向图书馆走去。

“喂！同学。”

谁在叫我呢？我回过头。天哪！我惊住了，是他，他在叫我，是他在叫我！我心中的那只小兔疯了，开始狂跳。我站住脚步，回过头来，看见他对我微笑，他的笑阳光而又腼腆。

“是在叫我吗？”我惊异地问。

“嗯。”他点点头。

“你有事？”我又问他，却不知不觉地红了脸。

“我想借一下你的借书证和出入卡，可以吗？”他说话很客气，却有些不自然。

“噢！好的。”我也觉得气氛有些尴尬……

我从口袋里掏出借书证给他，可是，却忽然想起来出入卡忘在了体育场。

“谢谢。”他还是很客气。

“不用谢。你先等一下。”我这回慌了，在他面前失手觉得太没面子，脸红得更厉害了。

我看到木木刚刚从图书馆出来，心里狂呼“救星！救星！救星来了！”

“木木，等一下。”我喊了一声。

她站住脚步，“你在这儿干什么？今天没课？”

"你的出入卡借一下。"我忙说。

"你的呢？"木木却慢条斯理。

"丢了。他要借卡。"我小声说"是那个男孩。"

她伸长脖子看看他,笑了。

我把卡递给他。

"谢谢！谢谢！等会儿还你。"说完他便走了。

看着他远去的背影,我开心地笑了。

木木走过来,拍拍我的肩,"怎么样,有进展了？"

"没有,只是巧遇！"

"介绍了吗？"木木追问。

"没有。他是个腼腆男孩。"我觉得很遗憾。

"唉！机不可失,时不再来噢！"

我俩又开始追跑打闹了,这小丫头总是刺激我。

"雪樱——"又是谁在叫我？我停下脚步,看看,原来是木木的好友茜。她也是系学生会的,在经济系。人缘顶好,经常与外校学生会的一起工作、聚餐,我们偶尔会在 No.1 碰见。

"什么事儿？茜。好久不见你了,你还好吗？"

"还好。你呢？"

"也还行,像往常一样！"

"对了,刚遇到的那男孩,你认识吗？"茜问我。

"不认识。"我摇摇头。

"我知道他。"茜蛮得意的。

"是吗？"我喜出望外。

"嗯！这是个外校的,理科毕业生,学计算机的,Q 大学生会干

部。他还是木木的同乡呢！L城的。”

“不会吧！他也是L城的?!”我更是惊喜。

“对啊！下个月的B大、Q大两校老乡会你会见到他的。”

“下个月的B大、Q大两校老乡会?!”

“嗯！他是主持。”

“他常来我们B大吗？”我问。

“过去不是,现在不知是怎么回事。听说这里有他心上人呐！”

“啊?!这么伟大执著啊！”

“谁知道呀！他一向是沉默寡言的。”

“你和他很好吗？”

“也很一般。他很少与女孩交往。这次不知是谁偷了他的心。听说还是你们中文系的女孩，还是没有任何级别的平民女孩。哈哈哈,笑死了！”茜大笑着。

“不会吧！”我有些不明白了。

看她笑得前俯后仰,我觉得很无聊。

“你知道那女孩是谁吗？怎么笑成这样？”

“没什么。没有见过,只是觉得太可笑,地位、等级不同,怎么看也不配。”

“是吗？”我有些生气,口气硬了。我觉得这种势利女孩不能再接触下去,太无聊了,还是学生干部?

“怎么了？你生什么气呢？”茜看我脸色不对,忙问。

“没什么。”我爱理不理她。

“不过,听说那女孩很有才学,长得如同天使。”

“哦！”

“但我觉得应该是‘天屎’,哈哈哈！”她又开始大笑,“对吧？应该是‘天屎’。哈哈哈！”

这笑声真让我刺耳、恶心。这样的家伙，我一点也不想再与她交往下去了。真想不到木木居然能与她成为“友人”，唉！

“唉！你不知道，我一直在暗恋他。我一定会把他的心，从那个‘天屎’身边夺回来！要知道，我和他才是门当户对的呢！”说罢，茜便冷笑着，仰头而去，像一只骄傲的乌鸦，让人觉得又好笑，又可憎。

“哼！这个自不量力的家伙。樱子，听见没？她在给你打预防针！”

“我心里有准备，木木。我就弄不明白，你俩怎能成为朋友？”

“这种人！鬼才愿意理她呢！你也不想想，B大、Q大女学生干部总共才几个？人家看见她都跑得远远的。我嘛！也就无所谓啦，由着她呗！爱理咱了，咱就搭个腔；不爱理了，咱就不理了呗！你没听过‘心静自然凉’吗？管她呢！迟早有一天，她会因自己的无知而自悔的。”

“人还是以‘善’为本的好啊！”我说。

“就是。”木木应声道。

想他应该还有一段时间才能出来，于是说着，我俩便找了个地儿坐下来，谁知，刚坐稳，他就跑过来了。

“还给你，谢谢！”

“这么快?!”我和木木异口同声。

“嗯！谢谢你。”他又害羞了吧！说话声怕是连他自己听起来都困难。

“不用谢了。”我说。

收下东西，我们起身就走。

“是要回去了吗？”他问我。

“嗯，时间也不早了。”

“那——”他欲言又止。

“什么？”我问。

“哦，再见。”他连看都没看我一眼。

“再见！”

他依然没有自我介绍，我也没有问，但觉得这一天下来，收获也蛮大的，至少我知道他在哪里，知道了他做什么，不值得庆贺吗？我请木木去市中心的一家海鲜店，乐得她抱住我，晚上黏到我的地铺上，还说如同进了天堂。傻小妹怎么长不大呢？唉！不过这样也好，开心就好！

二十二

往后又开始了以前的忙碌生活，我没工夫去想他了，但这样只过了半个月。

一天，我在教室里做总结，有人找我。出去一看才知道是No.1认识的那个叫帅帅的男生，也是位学生干部，在我们B大文学院也挺出风头，学经济管理吧！但他最初是学理科的，不知后来怎么会到B大学这个专业。男孩儿人蛮好的，嘴巴特会说。看他一脸坏笑我就知道他那葫芦里卖什么药了。

“来找我干吗？”我问帅帅。

“有事呗！”

“哟！你会有事儿找我？笑死了！”

“我的大姐啊！别开玩笑了，真有正经事儿找你。”

“那好，说吧！”

“你出来，找个没人的地方说。”帅帅看起来还挺神秘。

天哪！这是什么机密，还得找个没人的地方说，真无奈。于是，我收拾好书本，告诉木木我要出去，便和帅帅去了校园小树林散步，在那天走过的路线上，不禁想起了那个背影，笑了。却忽视了帅帅看我的眼光。

“喂！你没事儿吧！笑什么呢？”他问我。

“噢，没什么，只是忽然想起一个人。”我忍住没说。

“什么人？男朋友？”他又问。

“嗨——什么跟什么嘛！”

“哎，你可得老实交代你和男友是否还有联系。”

“当然有喽！”

“L城的那个？”

“也就只有这么一个呀！”我笑了。

“我是说你俩相隔这么远，联系得紧吗？”

“当然。上网、视频、电话、假期……怎么，你对这个很感兴趣吗？”

“不。你们好就好，好就好。”帅帅想说什么却又止住了。

这家伙今儿个是怎么啦？让人摸不着头脑。不会又是向我“推销”吧？可比起以前，反差也太大了呀！

“到底什么事儿，直接点儿嘛！”我追问。

“那好吧！有人看上你啦！”

“哈哈哈，这种事你现在还代办啊！”我觉得很可笑。

“不！这次这个人非同寻常。”他却很认真。

“说来听听。”

“Q大学生干部，我俩称兄道弟，都从L城来嘛！说起来咱都是老乡。”

“别套近乎了，言归正传。”

“一米八五个头，长得很帅，学分又高，追求他的女孩也不少！”

“得！做广告啊？”

“不是，我这不给你介绍吗？计算机系的高材生，兼之他老爸又是位大企业家，毕业之后那可是很有钱的。现在这社会，没有两三个钱可是一事无成啊！你还是想想吧！”

一米八五，帅气，人好，学分高，学生干部。

这些信息在脑海中再过一遍，我突然想到了——刚才那男生。

“他说偶然见面相遇，他就看上了你，想和你走在一起。可是他又怕影响了你和男友，所以一直没提。但总会来B大，想再看看你，可是……”帅帅没再说。

不用再听后面的话，我已经确定就是他了，心中暖暖的。

“你答应不？要么就算了吧，以免双方都伤得太深。”

“不。让我想想。”

“反正他人好，什么都好，你好好想想吧！”

“不。我想到他是谁了，但却不能答应。”其实我这么说只是掩饰内心矛盾。

“那就算了吧！他也不愿你知道他是谁。”帅帅却没领会。

我现在终于知道他为什么不做介绍了。唉！心里头乱啊！我不能答应他的追求，但我又不愿就此放手，我这是怎么了啊？该怎么办呢？心里头乱如麻，一点头绪都没有。怎么办呢？

“想好没有？那你再想想，我先走了。”

“你别走，别走，可不可以告诉我他是谁？”我故意问他。

我竟然赶忙跑过去拉住了帅帅，拜托他告诉我那个男孩的名字。我真的开始动摇了吗？不知道啊！反正我开始害怕起自己来。

“他不让说。”帅帅一本正经。

“拜托，告诉我嘛！”我求他。

“唉——”

"拜托——"

"那好吧！你回去好好想想。他叫林枫。"帅帅还是说了。

"林枫?！"我仔细揣摸。

"嗯！好啦,回去吧！"帅帅拉拉我胳膊。

"好！走吧。"

晚上,我没有去上班,喝了点酒,约木木到我这儿来。两人躺在一起先是讨论讨论学习,后来,我就讲给他今天发生的事以及自己内心的矛盾。倾诉也真是一大良药,说出来心里头舒畅多了,虽没有最终确定答案,但也算有些想通了,可以安心睡觉。

第二天,老时间,帅帅又托人约我去林子里见面。我依然没有做出决定给他答复。他却说试着让我与林枫两个相处再做答复,我认为他在开玩笑呢！没理会他,由他怎么说去。

又过了一天,有人发了短信,让我到林子里去。想那一定是帅帅,一路上我还撅着嘴嘟嘟囔囔骂他烦人,可到了那儿,却愣住了。

"你好！"他问我。

"你好！"我回问他。

原来是林枫。这么独处,让人很是尴尬,我不禁脸红了。

"吃饭了吗？"

"还没有,你呢？"

"也没吃。那走吧,我请你去吃饭。"林枫笑了。

"不用了,谢谢。"

"那——那走呗！"林枫说话又不自然了。

"去哪儿？"我很奇怪他所说的话,也不明白他要说什么。

“去随便散散步。”

“噢,不用了,我还忙呢!”

“那——那你吃点什么呢?我去给你买吧!”林枫显然很尴尬。

“真的不用,谢谢你。”我很诚恳。

简单的对话,而后是一阵静,静得让人尴尬。看着他的微笑、我的脸红、他的腼腆、我的害羞……真的会笑死旁观者的。停了一会儿,我问他:

“还有事吗?”

“没——没什么了!那你先忙吧,我走了。”他有些失落。

“好吧!谢谢你。Bye-bye!”

“Bye!”

各自东西。

后来的一段日子也会碰见他,只是不再相视,不再说话,好似不曾相识。先前的见面像是一场梦。我才发现自己已经不能忘记他。

我的心太乱,太乱了。真的不能再这样下去,不能!

静了静心,拨通了恺旻的电话。

“对不起,您拨的电话已关机。Sorry……”

唉!怎么又关机了呢?前段时间就一直关机,我又生气又疑惑:会不会是出差了呢?他出差一向都关机。忍忍吧!之后的一星期里,每天我都会拨电话给恺旻,可不是关机就是无法接通,真的好失望啊!不知不觉中又想到林枫,想到他阳光般温暖的笑。对他的喜欢怎能如此之深?真的有些迷茫。

有一个多月没和恺旻联系了吧!我还真急得慌,又拨了电话给他。

“嘟——嘟——嘟——”

终于有希望了。我如此欢心。

“喂？”

“喂，是恺旻吧？”

“嗯。”

“你干什么呢？”

“上班。”

“上班？”看表都七点多了，还没下班？

“你忙吗？”

“嗯。”

他的冷淡，我的无题，结果，没话聊了。

“好啦，没什么我就挂了。”

“啊？嗯。没什么了。”我想想，觉得很尴尬。“哦，对了，前些天你去做什么，怎么打不通电话呢？”

“前些天？我去出差。”

“是这样呀！那冷吗？”

“也一般吧！”

“出门记得多穿点衣服，别着凉。”

“知道了。”

“吃了没？”

“……”

“喂？你在听我说吗？”

“……”

“啊？什么？”

“你在听我说话吗？”

“……”

“为什么不说话？”

可是我却听到有个女人在笑，还听到了什么“怎么这么听话啊！”诸如之类刺耳的话语，而后又笑。我心里又酸涩又不理解是怎么回事儿。

“好了好了，我都知道了，行了。”

“你什么意思？”

“没什么，好了好了，我挂了啊！”

“不行！”

可电话已经挂断，听着嘟嘟嘟的忙音，我呆了，泪水却悄悄地滑落。这么长时间吃了多少苦，受了多少痛？却因这件事而流泪，我也太不像样了吧！我是真的怕起来，一想到那女人的声音，我便心痛，他不会是变心了吧！还是……越想越怕，什么“两情若是长久时，又岂在朝朝暮暮！”骗人的！翻开日记本，一股脑儿写出自己的心情，觉得舒服多了。我赌气，再也不打电话给他。可是刚刚一星期，自己却又忍不住想他，想疯了他。于是，又拨电话。

“喂——”

“喂，恺旻，是我。”

“噢！你在哪里？”

“刚下班回屋，你呢？”

“我也在屋里看电视呢？”

“忙吗？”

“也不。我下周要出差，去 B 城。周末你出来吧！”

“好啊！我想死你了，恺旻。”

“好吧！周末打电话给我。”

“嗯。”

“还有事吗？”

“没有了，再见！”

“再见！”

简短的几句话却让我欣喜若狂，看来上次是自己多虑了，误会他了。想到他要来看我，更是美得不得了，整个星期都乐呵来乐呵去，木木还说我有病，帅帅还以为为了林枫我才变成这样了呢！

盼来周末，我拒绝了所有的事，还向海涛请假没去上班。又是收拾房子，又是购置食物，想到恺旻大老远跑来看我也不容易，不能亏待他。忙了一天，眼看下午四点多了，可怎么还没消息？我又拨电话给他。

“喂——你好！”

“恺旻。”

“嗯，是你啊！”

“对，你到哪了？过来吃饭吧！”

“不了，我正忙呢！”

“是吗？那我就不打电话给你了，忙完你打给我吧！”

“好。”

心里很不是滋味，但想到他忙，心中略觉宽慰。眼看着一堆食物，心冷到天亮啊！依然没有他的电话。又是一周的开始，我却没有去上课，也没有上班，一直待在房子里，抱着手机等他电话。直到下午,依旧没有动静,我又主动给他打电话。

“恺旻——”

“樱子——”

“你还没忙完吗?”

“嗯——是的。”

“那——”

“我就回去了,晚上就得回 L 城。”

“晚上就回?”

“对,还有事要办!听话,自己去看看书也行嘛!”

“我不!”

“好了好了,听话!”

“不!”

“那你看着办吧!”

我生气,他也生气,这回可好,又无言了。两人又开始沉默。等了好久,他终于开口:“好啦,樱子。生气了吗?”

“……”

“说话啊!你别生气了,好吗?”

“那你为什么又骗我?”

“不是骗你,是很忙。”

“忙!忙!忙!你什么时候是个尽头?”

“我也不知道,人家打电话过来嘛!”

“忙!每次都骗我,每次以忙为理由!”

“不是骗你,真不是。”

“……”

“你怎么又不说话了。那好吧!你爱怎么想就怎么想吧!”

“你……”

“好了，再见。”

“嘟——嘟——”

怎么又生气了呢？天哪！闹到什么时候才算完呢？真的好烦好累呐！我都没有精力继续下去了。又开始记日记，大大写下一句话，送给恺旻的：输了你，赢了世界又如何？我要让他看到这句话，理解这句话，并且牢牢记住。总有这一天的。

越来越想林枫，只要在校园里，看不到他，心里就感觉空荡荡的。偶尔见一面，那么的踏实、开心。我是爱上他了吗？没有吧！若是爱上他了，可为什么看到他却不禁觉得思念是对恺旻的？

很快到了年底，又放假了，而我是继续留在这儿，还是走呢？

为什么活得总是这么矛盾？

二十三

一个人在拥挤的街头孤独地走着，身边的喧闹、来来回回忙碌的人们对于我都毫无影响。我开始讨厌过年，年是什么？过去，年是爸爸买给我吃的、穿的、玩的；后来，年是亲友给的压岁钱儿；后来，年是玩闹、是欢愉，是小朋友们口中流传的故事；后来，年是妈妈的叮咛嘱咐；再后来，年是前前后后的忙忙碌碌，是美酒、佳肴，是亲人团聚；再后来，年已成为思念家乡亲人的叹息与泪水；现在呢？现在，年是愁、是苦、是孤寂。我讨厌愁苦，讨厌孤寂，讨厌眼泪，讨厌过年！我知道又是一个人的日子，一个人漫长的日子。

车站，人多得无法形容，送走了海涛、木木，也送走了诗杰，他们都得回去看看家人，出来好几个年头，都想疯了。No.1 留给我打理，我又让自己忙碌起来，以减缓内心的郁闷。

除夕，来的人并不多，所以选唱的乐曲也很舒缓，带点儿忧郁和伤感。整个场子也很静，没有过分的喧哗吵闹声，我喜欢这种感觉，适合我此时冷清的心。因而，弹唱得十分投入。

"好！"

啪——啪——啪!

几曲之后，有人喝彩，掌声响亮而单调。

“谢谢！”

道谢后，我寻声望去。

“别找了，是我！”帅帅怎么突然冒出来了？

“怎么是你？哎哟，吓死我了！”我出口大气拍拍胸口。

“怎么不会是我？来，喝吧！”帅帅笑了。

“谢了。我只喝白开水。”

“那我去给你倒。来，到我们桌上坐坐吧，在那边。”他指给我。

顺着帅帅所指的方向望去，窗边小方桌旁坐着一个大男孩。

“是林枫吧？”我问。

“对啊！”帅帅点点头。

“走，过去。”我说。

放下吉他，我跟帅帅过去坐下，喝了一杯白开水，心里暖暖的，正如我见到林枫时的踏实感。

“樱子，你唱得真好！”林枫说。

“过奖了，谢谢！”我的脸快红到家了。

“本以为你是那种文静的小女生，大家闺秀版，没想到你还会弹吉他，而且在这样的一个地方，从你的歌声中感觉到一个词。”

“是吗？什么词？”我问。

“还是不说的好。”

“是‘浪人’吧！与我聊不必拘束，不必在乎什么，我不是小心眼的人，而且很能坦然面对真实的。”

“你不会生气吧?”林枫显得很小心。

“生什么气呢？气大伤肝！再说，有什么气可生呢？”

都笑了，他却陷入沉默，也许是被我的直率大胆吓着了吧！

“林枫，放开吧！这樱子可不是那些书呆子小女人一类的。她身上有很多那些人们所没有的优点，你会慢慢发现的。和她聊，又开心又受益。”

“得，帅帅你把我捧成什么了？”

“尊重事实嘛，受你影响呗！”帅帅又在捧我。

“行了，我没那么优秀伟人，只不过是经历得多而已。”

“经历？”林枫显得很惊异。

“很惊奇吗？林枫。”我问。

“很好奇。愿意说来听听吗？”

“过去就让它过去吧，干吗总提及那些伤心之事呢？可适当留一些快乐给自己，闲暇时候再回味回味，至于伤心嘛，就忘掉它吧！”

“好的。”林枫点点头。

“我是个‘浪人’，看不惯社会上的不公与势利，讨厌金钱对人心的腐蚀，因而我个性倔强叛逆。出于对社会的厌恶、反感、不满，我开始了流浪的生活。”

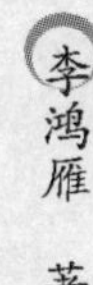

“原来是这样啊！”

“是的，社会才是一个人最好的学校。”

“嗯！是这样。”

“或许你并不会了解。”我说。

“的确如此。我们欠缺的东西还很多。”他也很赞同。

“这也是靠悟性的。”我说得很认真。

“说的也是。”

“谈点别的吧！这话题够让人郁闷的。”喝了口水，我接着说道。

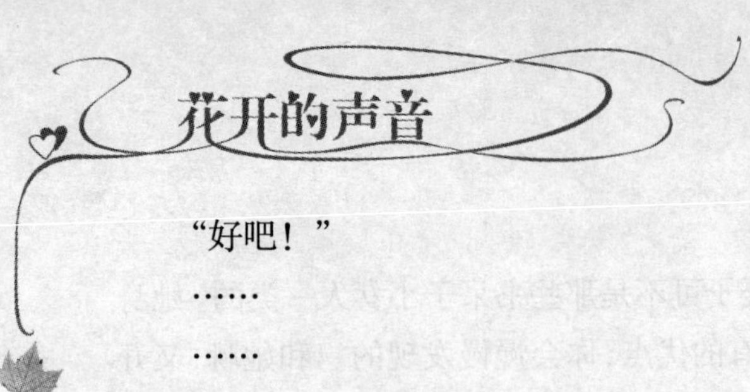

"好吧！"

……

……

聊了好久，店里人换了几拨，记得关门的时候大概已凌晨四点多，而后我们三个人去学校的大操场里放烟花，玩得也很开心。说再见已不知是几点，只知道我自己不吃不喝一觉睡到次日下午六点多。No.1 第一次晚开门。要被海涛知道，那真得杀了我。又忙了一天。

回房又是过了十二点多。往床上一躺，就一点儿也不想再动了。枕头边上的手机信号灯一直在闪，但也懒得看。这样早出晚归的累生活坚持了一个多月，海涛、木木他们回来了，对于他们带来的各种好吃的、穿的、玩的我并不感兴趣，只是特别特别想睡个三天三夜。终于得到一星期的休假，但我也真的终于睡了一周。两耳不闻窗外事。

充足的睡眠，让我精神百倍。但我没去外边溜达，没啥意思，大过年的上街去还不是人看人、人挤人，而且又冷，还不如上会儿网呢！这些日子忙于工作都没再碰过电脑。

靠在床上，披着暖暖的阳光，我打开电脑，手指熟练地敲打键盘，回复一个又一个客套的问候，头都大了。这年头什么都是虚假的。正郁闷呢，点击下一个闪烁的头像，看到"用心倾听"，心头一颤，这不是恺旻吗？他那么忙，忙得连电话都懒得接，怎么会有时间去上网呢？越想越怕，不会是提出什么坏的条件吧！比如说分手什么的……我拍拍自己的头，犹豫好长时间，最终还是点开对话框，却被惊住了。看：

樱子，你还好吗？……

樱子，你还好吗？……

亲爱的，过年了，一个人孤单吗？……

亲爱的，过年回来吧！到我身边……

亲爱的樱子，天冷了记得穿暖……

樱子，真的很忙。真的真的很想你，想见到你……

喂！我亲爱的，什么时候回来？来给我洗衣服吧！都没穿的了……

哎呀，想吃你做的饭，想听你唱歌、弹吉他……

……

……

……

这坏家伙，难得还记得我啊！从他离开B城的那天到今天已有两个月，从发来信息的时间看一天都没有断过，也算是用心执著了，让我很感动，可是，这不会又是抹了蜜的谎言吧！不清楚，但愿不是。反反复复地来回翻看着他每一天的每段留言，又有收到信息的提示了，打开一看，扑哧大笑起来，这不，正想着他呢，他就上了线，又发来消息：

我的好老婆，我想你。你还在生气吗？不要生气啦，我道歉还不成吗？这些天没有你的任何消息，我都急死了，网也不上，信息也不回，手机不是不接，就是关机，真让人担心。今天，终于遇见了你，不要不理我，好吗？

而后是个“爱情天使”的可爱图片。

看着看着,我哭了。

好老婆,还在生我的气吗?听话,笑一下嘛,回个话,别不理我,好吗?

呆呆地盯着屏幕,却无力再动。

不说就算了,我也没办法,也不强迫你,我还有事,先下了。自己照顾好自己。再见!

“等等,恺旻!等等——”我对着屏幕喊,可是他的QQ头像已成灰白色。他带着失落下了线,却不知道那会儿我的回复信息已发出。

又是擦肩而过的一幕。关上电脑,打开手机一看,多少个未接电话啊!全是恺旻的,还有好多信息……这些真的真的好遗憾呐!怎么会这样?我怎么会这么粗心大意呢?

惆怅归惆怅,学还是得上,要混混到底嘛,趁现在有机会,赶紧学点东西,错过了这次难得的机会,这辈子恐怕也就完了。一转眼已上大三,学习也开始忙碌紧张,面临毕业分配,学分很是重要,大家都为了毕业证书而奋斗,这让我想到上高三时,神经绷得那么紧,除了学习还是学习,竞争极为激烈,我不负众望,考入重点J大。本也可以洋洋得意在J大学习,光明正大地累积很高的让我骄傲的学分,也可以竞争学生干部,风光一回。在J大,我考入的还是热门的电视广播系,还有另外选修的环境资源管理系,真的不用操那么多心,依我以前好强的性格,再加上我的胆识与自信,证书应该是很轻松地拿得到的,也肯定会有一份好的工作。

然而……命运掌握在自己手中啊!我自己做的决定,自己选择的另一条路，就无悔地走吧！是多了些坎坷崎岖，坚持下去也会有好的结果。现在在B大，就无所谓竞争学分和什么证书了，这些与我无缘。想得开就行，反正人的一生，学习只是为了充实自己，我现在这样不是很好吗？知足了。不像有些人，奋斗学习是利用它来换取等级、金钱、权力，而践踏了学习的真谛，他们活得太累太虚伪，人生不会充实快乐。即便是有，也只不过是颗流星而已，转瞬即逝。

学习的轻松、充实、快乐，让我活得也简单、轻松、充实、快乐，让我有了更多的时间和精力干好pub的各项工作，尤其在音乐创作、文学创作上有了很大的发展和提高。

恺旻终究还是来到B城。

"怎么？又生气了？"他问我。

"我哪有那么多气要生?！"我气呼呼地说道。

"看。又噘起嘴。"

"我爱！"

"爱什么？"他问。

"不用你管！"

"我爱！"

"你爱什么？"

"爱你！我的小猪！"

"物以类聚！哼！"

"别得意。"

两人又开始吵吵闹闹了，我不爱理他，他却将我抱得更紧。

太阳怕是也被我们吵醒了，探出头来，慢慢地、一点一点地升起，直到升得老高老高，洒下灿烂的光芒，披在身上暖暖的。真的迷醉了，不仅仅是这初次所见的美景，更是那热烈的吻。

后来，我们还去了好多名胜景地，留下好多照片和欢乐笑声。一个月尽情潇洒，尽管时间安排得很紧，但也还算可以吧！潇洒够了，回到我久久未居的小窝，感到异常舒适和温暖，躺到床上就再也不想起来了。

舒舒服服一觉起来，恺旻已做好早餐，唤我过去填肚子呢！午饭、晚饭也是他自己主动购菜、做饭，还不要我插手帮忙，木木来过几次，看到这一幕都羡慕死了，不住地夸我生活在蜜罐里呢！哎呀，好幸福哟！

可是呢？

瞧瞧恺旻的手机吧！一开机就让我惊呆了，那么多的未接电话，还有成堆的短信息，说是要他赶回去，有好多事情需要解决、处理。我们没有什么理由再黏在一起，谁叫他是“事业型大男人”呢？我除了支持理解，还得支持理解，就像他常说的：“不工作、不忙，怎么能挣钱养你呢？”钱，又是因为钱，虽然我恨死钱这东西了，可是，现实点看，没有钱能行吗？有也不行，没也不行，怎么这么矛盾，这么不安呢？

陪他买了火车票，找到铺位，放好行李，仅一句“一路走好”，别无他言。没等车开我先走了，站台上播放了一首很老的歌曲《如果没有你在身边的时候》，我双眼模糊。他是不知道的，但我相信他一定听到了那首歌，一定会意，一定心里头也难过，只不过他是坚强的，绝不会落泪。

走出车站，听到车鸣声。

“恺旻——我不要你走，不要你离开——”空旷的广场，我对着车站禁不住大喊，“你回来，回到我身边吧！我不要离开你，我舍不得你——”我孤零零地站在广场中央，傻傻地大喊着，放开嗓门大哭了一场。不管那些异样的神情与眼光，不管，不管，什么都不管，无所谓别人怎么看怎么说，无所谓！

“樱子——樱子——”

是谁在叫我？可我也懒得理会。

“樱子——哎呀，你怎么在这里？我们到处找你！”

“就是就是，你跑哪去了？车都开了，却看不见你。”

“恺旻又惹你了？别生气，下次见了他，我替你收拾他，别哭了嘛。”

“快把眼泪擦干。咱们走，去吃晚饭啦！”

诗杰和海涛你一言我一语，说得我笑起来，脸上还挂着泪珠！

“什么呀！他才没惹我生气呢，疼我还来不及呢！”

“哟！说得幸福的哟！”

“那当然！”

“那又为什么哭成这样？车开了都不去送送他。”

“这你就不懂了海涛。”

“为什么？”

“恋爱了自然会体会到。她这是不想眼睁睁地看着恺旻离去，在逃避离别呗！”

“什么也瞒不过你，诗杰。”

诗杰得意地笑着，“走吧！今儿我请客，咱吃火锅怎么样？”

“好啊，带上烧烤吧！”

“没问题，海涛。”

“樱子，你吃什么？”

“汤圆。我要两份，恺旻也爱吃汤圆。”

“好啊！走，去接我亲爱的去。海涛，把木木也带来，老地方见。”

“好！Bye！”

“Bye-bye！”

美餐结束了，从明天起，又要在B大—No.1—小窝这金三角上忙碌了。

二十四

太阳升起的时候，我已经在校园里背书了。星期一有大型讲座,想到林枫肯定会来,莫名地去了那片小树林,莫名地开始等待、期盼,当他高大的身影远远走来时,我却后悔来这里;当他走到身边时,我便拼命地回避,拼命地装作无所谓。当他走远时,我又开始遗憾没与他说话,甚至连看一眼都没有。有人说我红杏出墙。是这样吗?其实我自己也担心是不是已爱上他。可经过这段时间的接触以及审视自己的感觉之后,我终于可以确定自己的感情:我是深爱着恺旻的。尽管很多时候他没有陪我，我的苦痛心酸他也很少过问、安慰,很少用甜言蜜语哄我开心、关心我,很少陪我出去散步、买东西、吃饭,很少……很少……尽管我们分住两地,很少见面,偶尔聚聚、有各自不同的爱好、不同的性格……但是,我们却相互信赖、相互吸引、心有灵犀。朋友们都不敢相信我们由争吵、由事事不合而走到一起,并且一直走了这么几年,真可谓是风雨无阻。其实,潇楠、蕾馨、敏他们曾劝过我,对男孩这么认真执著地付出不值得,她们骂恺旻负我,骂我太傻太不值得,多次劝我还是分手了的好,因为爱与不爱结果都得忍受孤寂,都是心痛,何不潇洒放手,自己一个人走？是的,她们是我的好姐妹,为我想这么多,我并没有生

气，没有怪她们，我自己也清楚自己好傻好愚蠢，无畏地付出那么多，无论是财物，还是情感，无怨无悔地付出，爱得如此深痛，又何尝没有分手的念头？

“也许是上辈子欠他太多了吧！”我总是笑着对自己说。

“没事的，应该知足。”

“是啊！一味付出，没有任何的回报，没意思的。”

“怎么是你？”

“不行吗？”

“你怎么突然出现在这里，吓死我了！”

“胆小鬼！”

“人吓人会吓死人的，知道吗？”

“知道的，可干吗那么厉害？明明自己发呆好长时间，而后又自言自语，还说我吓你，你没吓死我就谢天谢地啦！”

“你都听见了？”

“就那个‘欠’字格外入心！好端端的爱情在你这儿就成了债务，欠来欠去，爱就爱了，不爱就算了，你成天这样六神无主的，活不活了啊？”

“什么债务不债务的！”

“那自己讲讲林枫和你、你和恺旻的故事！”

“你好烦呐！”

“脚踩两只船也不是不可以！”

“什么乱七八糟的。好啦，我要澄清事实。还我清白。”

“洗耳恭听！”

“林枫 like me！I like 林枫，too！I love 恺旻，恺旻 love me！Like

≠love, understand? ”

“I know, I know! ”

“快刀斩乱麻。林枫只不过是个替身。我爱的是恺旻。”

“替身？这也太残忍了吧！”

“的确残忍了些，可我也没辙，长相决定一切呗！”

“原来长相也可以这么定义？岂不自找麻烦？”

“那没办法。”

“红颜祸水！”

“喂！死妮子，胆子不小，竟敢用这么过分的话来骂我？看我不打你才怪呢！”

“难道你不怕林枫那个大名人打你吗？搞得人家很没面子！”

“不怕，我们是朋友！”

“朋友？朋友也有翻脸的时候！”

“那也不怕，依我看，他是白羊座的男孩和我这个狮子座女孩很投缘，合得来，感情很好！”

“但愿你又感觉对了！”

“你别小看我，感觉的正确率高达98%！”

“好！哎哟，又来电话了。”

“什么事？”

“走啦！自己看看几点了？我哥打了几个催命电话，叫我们赶去No.1，不知道发生什么事了，反正口气挺急的。”

“No.1？口气挺急？”

“对啊！快走吧！”

“会不会出什么事？”

“鬼知道。跑吧！”

“好！”

心急如焚，打车去了No.1，推门进去。大厅里围着很多人，分成两派，手里还提着砍刀。木木吓得躲在我身后，紧紧拉着我的手，没见过大世面的小毛丫头直打战。我也够呛，心怦怦直跳。

走近些，才看见诗杰正一脸凶相，还用手捂着脸颊。

“这是怎么回事？”

“没你的事，丫头！”一个五大三粗的人对我大吼，命令我走开。可想到诗杰怒视他的神情，我就没有给他好脸。

“没我的事？哼！自不量力，站在我的地盘上说话，别不识抬举。”

“咦？你是谁，竟敢对老子如此狂言。”

“呸！”

“你！”他举起手要打我，却被身边的男人拦住。

“别动她！好男不跟女斗！咱就让她说说这地儿怎么是她的。”

“说啊！小样儿，老子不打你，我就要你说，看怎么吓住我！”

“哈——哈——哈！”

野蛮放肆的笑声让我恶心。正在此时，门被推开，进来一位女子，大胆而现代的穿着、完美的身材、漂亮的脸蛋，怎么看怎么眼熟，走起路来抬着头的那股子神气劲儿，正如L城里当年名响当当的纪雯。

“谁是这里的弹唱樱子小姐？”

她开口说话了，声音、语气一模一样，还是那权威，那么好听。我想，就是纪雯了，这是只有她具有的气质。我相信奇迹，决定大胆一回：

“纪雯！”

“你认识我？”说着便向我走来。

此时，木木的手完全湿了，抖得更是厉害。可我无心顾及，我在等待着将要发生的一切事情，也等待着奇迹！走近一看，两人都傻了眼！

“是你！”两人异口同声。

“怎么是你？你在这里做什么，雪樱？”

“工作。”

“工作？噢！原来就是那个很有名气的弹唱樱子啊！”

“过奖了。”

“想不到会在这里见到你。咦？这件红色毛边夹很漂亮，让我看看。嗯！还是以前那模样，没变。但有忧郁写在脸上。”

“是吗？你也没怎么变。就是比以前更会收拾自己，更漂亮了。不然怎么一眼就认得出你。”

“哈哈哈，那倒也是，都没变。”

“我们这里今天不上班，对不起，不能好好招呼你。你瞧瞧这么乱！”

“没关系。我今儿就是为这乱子来的。等会儿咱再聊。”

说着便向前走去。

“你们走吧！没眼色的，跑到我这块地儿闹腾，是不是不想混下去了，嗯？”

“不是——不是——我们不知道是您——”

“怎么？说不下去了吧！告诉你，老娘的兄弟姐妹可轮不到你去碰，听见没有？”

“听见了，听见了！”

“纪雯，先过来一下，好吗？”

“好！”

“诗杰被他们打成那样子，你看——”

“诗杰？他也在这里？”

“你自己瞧吧！从不受人欺负的诗杰被他们弄成什么样子了？”

“怎么会招惹这些人呢？”

“不知道。我也是刚刚接到电话跑来的。”

“唉——我爱的人呐，你也会有今天！”

“你还会因那段没着落的感情而恨他吗？”

“恨他？”她笑了，笑得那么苦。

“无论怎样，也不能看他成这样子。”

“那当然，无论如何都得帮他。不过你别再瞎猜，我已有我的归宿、我的幸福，没必要缠住他不放。”

“那倒也是。”

“去问问情况吧！”

“好的。走！”

说着她便拉起我的手，走向里边的吧台。

“诗杰，发生什么事了？”

“是你？”

“怎么，很奇怪吗？”

“你怎么会在这里？”

“别问那么多，快说说这到底是怎么回事儿？”

“是啊，诗杰，别问了，快告诉我们，这是怎么一回事儿！”

见她与他见面那么尴尬，我也只能这么说，我很清楚诗杰很讨厌纪雯，提都不愿提她，好不容易摆脱她，现在，怎么又遇上了呢？

“雪樱啊！你可是来了，看看我的这些客人。”海涛都快哭了，“这些人闯进来又喝又闹，嫌客人们挡路，嫌客人们碍事儿，要这要那，弄得我们措手不及，还嫌服务不到位，嫌这嫌那的。非得你来唱歌。诗杰当然不愿意，一说‘不’，就被打成这样，他们还说——”

“可恶！我唱，还不行吗？你何必呢？诗杰。”我突然责怪起诗杰了。

“我绝不会让你给这种人唱，恺旻不在你身边，我才要更好地保护你，让你不再受伤害。”

“对不起，诗杰。”

“没什么。只是太想不通，从小到大还没被人打过呢！现在你看看，脸也成这样，嘴也破了，衣服扣子都被拔完了，这……这简直是无理取闹！”

“想不通？怕了吧，臭小子。哈哈哈！”那个五大三粗的人狂笑道。

“闹够了没有！”我制止了他们的争吵后，纪雯冲五大三粗的男人厉声吼道：“都给我滚！”

“雯姐——”

“听见没有，给我滚！”

“那多没面子！不收拾这小子，我今后还怎么混！”

“今后还怎么混？就这样混。”说着朝他脸上一拳。

在场的人都傻了眼，后面已有人放下手中的凶器。那彪形大汉捂着脸，一副不可思议的样子。

“瞪什么瞪！No.1 是你来闹的吗？”

“雯姐，你——”

“我怎么了？我给你好受的。”说着，又迅速朝他小腹一脚，那男人捂着小腹跪在地上直哼哼，他身后的个别人已经开溜了。

“废物！都是些废物——”看到这一幕，他气极了，大声骂道。

“你不过也是个废物！”纪雯冷笑一声，又是给他一拳。

“你——”

“怎么，有种找人来，我叫纪雯，你一口一声叫着的纪雯姐！”

听完这话，那大汉费劲地爬起来，朝门口走去，临出门丢下一句话：“纪雯，我去叫 D 哥，让你再猖狂。”

“哈哈哈，D 哥，我还以为你会搬谁来呢？去吧！去吧，叫他来，看看我的 D 哥会说我呢，还是会修理你！哈哈哈！”

“你有种！”

“也不打听打听这地儿是谁的。以后不准你们那些烂泥巴来脏 No.1 的地儿，滚！”

那一帮闹事的夹着尾巴溜走了，全场响起热烈的掌声。之后，客人也都走完了。的确，像这种情形，谁还敢再待下去？此时我才注意到木木，已哭得稀里哗啦，趴在桌上不肯起来。海涛也叹着气，和几个服务生收拾残局。只有诗杰、纪雯和我还站在那里。

“有指甲剪吗？”

“没有。”

“哎呀！那个垃圾，去拉他，瞧瞧，我的长指甲给劈断了。”

“我来瞧瞧。”

拉过她的手，我的心惊了一跳，那个无名指指甲太吓人了，都劈开嵌到肉里头了,血往外涌。

“怎么会成这样?”

“妈的,疼死我了。剪了也许好些。”

“我帮你找剪刀。”

“嗯。哎哟,好疼啊!”

“海涛,有指甲剪吗?借来用用。”我问道。

“有!给,拿着!”海涛递过了指甲剪。

“喂!你的衣服,瞧瞧,后面有血痕。”我看到纪雯的衣服后边有血迹。

“那没什么,回去洗了就 OK 了。”

“喝点什么?”

“咖啡吧!”

“好,我们先去里边坐吧。诗杰,给,热毛巾,擦擦脸。咱到里头去。要点什么?”

“白开水。谢谢。”

“没什么。”

“小刘,一杯咖啡,两杯白开水,送到里间。谢了!”

“好的。马上到。”

喝点热东西,心里头就是舒服,有种踏实感。起初三个人都只是坐着,喝着自己的东西,房子里静得出奇,气氛很是尴尬。可是,说点什么呢?

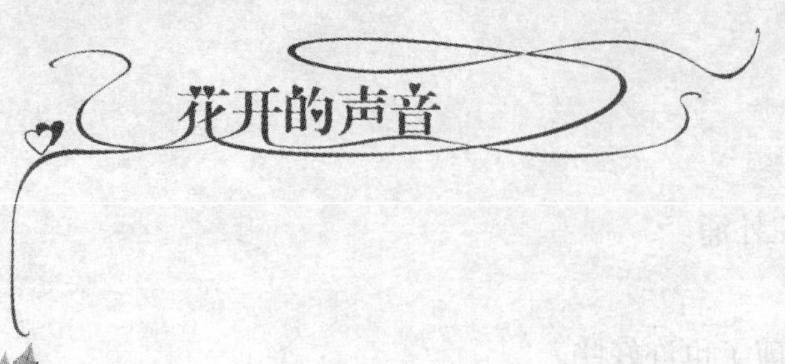

二十五

讲真话，我们的认识还是小学的事儿。那时我和纪雯同校同级不同班，我人好得出名，她“混得”出名。但我俩关系还蛮不错，总是说说笑笑，讨论讨论数学题。当时我单纯得很，“混”是什么还不明白，只是一直觉得她很棒，学习成绩好又有姿色，还有那么好的人缘。后来，中学时期我们又是同校同级不同班，可那时却不怎么说话，因为我终于知道“混”就是不学习、打架，结立什么帮、什么派的，我讨厌他们的蛮横无理霸道，于是疏远她。那时，她与蕾馨特别好。后来上了高中，接触的人多，见过的世面多一些，懂事了，也明白了究竟什么是“混”，发现自己对这个问题存有偏见，这时才偶尔想起纪雯，她的故事也让我重新认识了她。

听说，自小她的父母离异，父亲酷爱打牌，却赢不了钱，继母带个小孩，对她极为不好，总欺负她、打她、骂她。她是个好强的女孩，怎堪这份屈辱？于是搬到爷爷奶奶那儿住，靠着一个小铺面维持三口人的生活，从而迫使她走上那条“黑路”。可她一直很好地把持着自己，她的成绩一直名列前茅，一直保持着自己的纯洁，她才真正是“出淤泥而不染”。

离开L城后就再也没听到过她的一点消息，算算都已有四五年了吧！过得也真快啊！

“谢你了，纪雯。”诗杰先开口，打破僵局。

“那没什么。”她笑了，反倒不好意思起来。没有刚才那么严肃，倒让人倍感亲切。

“纪雯，你现在做什么呢？”

“对啊对啊！怎么，也在B城？”我也插话道。

“随便啦！我嘛，就这么混呗！”

“真巧，我们仨会在这里相遇。”

听我这么一说，她先是一愣，接着又拉住我的手说：“你不恨我？以前咱俩也打过、骂过……”

“你没想到我们一同笑过、玩过吗？”我笑着说。

“真不恨了？”

“哎哟！什么恨不恨的，咱俩一直就是好朋友、好姐妹。过去是，现在是，以后还是！”

“好啊！你想得真开。好朋友、好姐妹！过去、现在、将来，永远！可以吗？”

“当然。”

“樱子，你不觉得——”

“什么？”

“不觉得我——”

“怎么了啊？你说呀！”

“你不觉得我现在的地位——”

“哎呀！什么地位不地位的！”

“你？”

“我才不在乎呢！地位算什么啊！以后不许再乱说，我讨厌听。”

“好的，你不在乎就行。”

“友谊天长地久！”两人异口同声地说，又击掌大笑。

朋友多了路好走！逝去的那份感情，现在又回来了，那么真实、淳朴，那么有味。

“樱子、诗杰，我现在没有什么可帮你们的了。”

“怎么会这么说呢？”我和诗杰同时问起，觉得她刚说的话让人摸不着头脑。

“我现在还在混，玩得比以前更大，而且有了自己的门堂及子弟，搞些钱来吃喝玩乐，不过，主要目的是为了上学。”

“上学？”

“对啊。其实你们知道我的水平，也成不了什么大文人，我上的是职业学校，唱唱跳跳我还是可以的嘛！”

“那倒也是。”

“其实三年前，我又交了一位男朋友，你们都见过吧！也有钱，对我非常好，从那次我已决定退出江湖，和他好好地过。这样的日子仅仅过了半年，看着同龄人抱着书本上学、考试，我就心里头非常难过，与别人相比自己也不差什么，却因打架而被开除，很遗憾。我也想上学。”

“后来呢？”

“他不同意，他也是不上学而又无业的人，他要我陪他熬日子。我当然不同意。两人既没工作，又没学问。现在有钱，那是他爸妈的，我不想让他们瞧不起，说三道四。于是和他分手，又自己过日子。我们那个小铺面所挣的几个钱在现在这个社会真是难以维持生计。爷爷奶奶一天比一天老了,为我也操了不少心。我得自个儿找些来钱的路子。”说着,便哽住了。我们都长长叹口气,听她继续说。

“于是,我——”她的眼泪滑过脸颊,她仰起头望天花板,极力挽留泪水,努力不让它们滑落,“于是,我靠帮人家打架、摆平一些事来赚点小钱,也就又混入圈子了。老大哥们十分看中我的才貌、性格,将我捧得很高,于是L城里我就是社会中有名的人物了。为了稳住我的地位,我也就放开玩,是这个的女友,那个的伴。我想,只要把持住自己,只是玩个小case而已。可是,我哪里知道这是个大大的陷阱,他们诱我不断深入,直至无法自拔时,我已成为他们手中的一个棋子,任凭他们摆布。”泪水终于一拥而出,我递给她一张纸巾,她小心擦拭,喝了口咖啡,接着说道:“后来,我想通了,既然成这样,那就走这条路吧!别再带给爷爷奶奶还有与我有联系的所有人一些不必要的麻烦。我答应他们种种条件,甚至是无理要求,去做一些昧良心的事。世人用什么样的眼光看我都无所谓,可那种麻木是表面的,是我伪装出的坚强,可有谁知道我心里头的苦楚?我没有一个真正知心的朋友,这些年来什么都可以有,可是却一直孤单。为了忏悔,我用一些肮脏钱给自己交了学费,来到这里的一所职业学校,我的学习任务很轻松,学影视表演嘛!一边学一边玩,这样还算踏实一些,幸亏我现在做的不是‘大黑游戏’,人生没有太大危险,也就知足了。”

听她这么一说,我更加佩服她,没有一丝一毫地看不起。她是一个好姑娘,有个性、有胆识、有才华,像她这样的人在当今社会是

很难找到的。只是她的家庭害苦了她，致使她没有走上光明宽阔的人生道路，而让她这么小心地活着，她的负担其实比我们还重，真的。既要养家糊口，又要供自己上学，得不停地动脑子想法弄钱，得保护个人安全，还得承受世人对于“地位”偏见的目光和语言……她却依然以积极的态度，乐观、坚强地生活着、学习着，拥有着自己的快乐。她是好样的！我真的很佩服，却没有什么语言来相送。

“就这样过吧！你们呢？樱子？”

“我？”

“你应该考上大学了吧！”

“无所谓啦！”说这话时我心里很是难受，觉得自己极为失败，没有必要提及荣耀。

“什么无所谓！”诗杰说话了，“考上就考上呗，别不告诉人家。”

“你们在说什么？”

“我告诉你，纪雯。还得你去开导开导她，她现在活得极不快乐，很消沉。我都没辙了。”诗杰又来一句。

“什么嘛！别说那么难听，到底怎么回事？”

“她考的是J大。”

“J大？重点啊！”

“对！可这丫头开学头天，没去报到，参观完J大校园，退了学费跑来B城，要不是被我撞上，怕是早去见鬼了。”

“有这回事？”

“初来B城，一个人在地铁站唱歌，没吃，待在角落里三天两夜，还好，她打扮得像个‘浪人’，没被人欺负。”

“那你们怎么遇上了？”

"我来B城上学，考入B大，学我的音乐呗，那时上大二。刚开学几天，去街上瞎逛，找点素材，碰见了她！还假装不认识我。还就她，自己有点本事，在B大后门这边找到No.1 Pub，以弹唱为她的工作，薪水还可以。老板海涛是我校经济系的学生干部，冒险安排她住进了B大公寓，和他妹妹木木两人同住一房。后来，她自己又大着胆子跟着木木混着去上课，还好，至今还未被发现。"

"哇！这一切太神奇了，真如童话故事一般！没想到身边也会有这种事发生。樱子，我太佩服你了。可是，你这么下去又没文凭，有啥意思呢？"

"无所谓啦！重要的是我充实就行喽！至于那些表面的东西我懒得理会。"

你瞧她，纪雯，劝劝她吧！她就是这么犟，死认一个理而无视现实。你说，现实社会里没有钱没有文凭，什么都做不成啊！"

"对，诗杰，你说得对极了。真是长大了。"

"逼的，给这现实逼成这样子了。过去，我和樱子一样单纯天真，与世无争，只喜欢过浪漫平淡的日子，走自己的路，唱自己的歌……可是呢？上B大之前，的确花了不少的钱，让我补习功课，高考才挂个边，要不是特长分拉一拉，老爸银子又白费了。真的再不忍心看着两位老人再愁了，我也良心不安啊！"

"诗杰，你说这番话，让我刮目相看。从前你这个粗心的大男孩从不讲理，从不谈心事噢！现在呢？简直是一鸣惊人！"

"是啊，原来你这臭小子学出本事来啦！与你们两位大学生坐在一起，我无地自容，不敢开口讲话，怕会漏洞百出，笑死人呐！"纪雯情不自禁起来。

“你不差什么嘛！别这么说。”我说道。

“就是，纪雯，别这么说，咱们的经历不同，性格爱好不同，好多好多不同点，应该是各有千秋！”

“对啊！诗杰此言对矣！”

“不过也是啊！好！以后不说了。”

“诗杰，你的一番话让我受益匪浅，可事到如今，也只能这么走下去啦。既然我心已定，就不会后悔我的选择。错也错得不悔，对也对得自然，做也做得值得。”

“樱子，你不后悔？”

“嗯！”

“你一点不会后悔？”

“不后悔！”

“有个性！”

“别这么说，纪雯、诗杰，你们说得我脸都红了。”

“真不明白你是怎么想的。”

“是啊！诗杰说得对，真不明白你在想什么。你有那么好的家庭，有钱有权有地位，父母给你创造了极好的学习环境，而樱子你自身又有让人羡慕的条件，聪明、漂亮，成绩、性格又那么好，怎么会有今天呢？这转变了太大了吧！想不通。”

“没什么想不通的。其实，有这么大的转变起初我自己都惊呆了，很是不解。诗杰还说我不面对现实，不是不想，而是无奈，有些事你们终是不会明白，正因为一些变故，我才会因此而不能面对现实，以致后来选择逃避。”我今天的话怎么那么多。

“诗杰，原来是咱们误解了樱子。快别再追问那么多了，她之所以这样也是有原因的，别再触及她的伤口了，好吗？像我，就不喜欢别人问我的家事，一问不但自个儿生气、难过，还难免伤到人家。”

“说的也是，樱子，别生气，我不再怪你，不再追问什么了。人生道路是你无悔的选择，而你走得潇洒，我也就放心了。”

“对啊，世界上没有两片完全相同的叶子。不同环境会使人有不同的人生观和不同的生活态度，何必计较什么呢？我的朋友们，谢谢你们对我的关心和支持，你们也要选择自己无悔的路，潇洒走一回！”

“对！”

“说得好！”

“来，诗杰、纪雯，干杯！”

“你们将来都出了名，可别忘了我这个朋友噢！”

“看你，喝咖啡也会醉吗？又说胡话！”

“呸！呸！呸！这样总可以了吧！”

“哈哈哈，纪雯啊！你还是稚气未脱啊！”

“诗杰又在取笑我了。”

“哈哈哈！”

“哎呀！我的电话！”

二十六

谈完心事备觉轻松，纪雯接电话，我出来看看海涛和木木。店里很快收拾好了，出来看看，同以往一样的温馨、浪漫。兄妹俩坐在吊椅上发呆。我悄悄走过去，蒙住了木木的眼睛。

“谁呀！谁呀！”她惊慌失措。

“你——猜——”我把声音压得很低，故作深沉。

“不知道！I don’t know！”她开始挣扎，“哥哥，哥哥，你快救我呀！哥哥——”她真的急得快哭了。

“胆小鬼！，”我不想再吓她，放开了手。

“怎么会是你呀！吓死我啦！”

“不吓了。走，二位，到里间聊聊去！”

“哎，樱子，那女的是谁呀？我看你们认识，她干‘黑’的吗？”海涛问道。

“海涛，问那么多干吗？进去不就知道啦？”

“我不去，哥，要去你自己去。”木木却又要起了小孩子脾气。

“怎么啦，木木?”

“我怕她，我也不喜欢她。瞧她那样儿，也不像是正经人。”

“木木，你怎么说话呢？人家碍你什么事儿了？”

“你没看见先前她跟那些人认识吗？他们还叫她‘雯姐’，还去叫什么‘D’哥，认识她，我看我是不想活了。”

“你！”

“我什么？”

“你过分了。再怎么说，人家也和樱子熟，人家也帮了大忙，要不我们的 No.1 就全毁了。店毁了是小事，怕是我和诗杰也没了，还牵扯一堆的无辜客人。这些，你想过没有？”

“不管你怎么说，反正我讨厌她，看不起她。她在社会上根本没有地位。”

“你！”

听着兄妹俩一言一语越吵越厉害，我怕会被纪雯听到伤心，也听不惯木木的无知与天真。

“别吵了，够了！让你们认识，不是让你们评论，明白吗？这是自愿的，我没有强求！也用不着评论人家的地位！”

“我不去，哥，要去你自己去。我要回去学习。现在这社会，只有‘本事’是生活的资本，是生活的证明，出人头地才是正统的，像这样会有什么出息？我要考研，再这样和你们混下去，我会完蛋的，我今天才知道，只有考研才是最好的出路，别的根本不重要。”她说得很认真，也很骄傲。我很失望，本以为……

啪！

“你敢打我？”

“我打你怎么了？你都乱七八糟说了些什么？”

“海涛！你不该打她，她是你妹妹。”

“妹妹？妹妹就可以让人教她做事一辈子？就可以让人搀扶一

辈子？可以让人庇护一辈子吗？”

“话是没错。”我看着木木站在那里，捂着脸，娇滴滴地哭，哭得很是委屈，自己心里头也开始泛酸，“木木，别哭了，也别怪你哥，他这是为你好。”

“为我好？为我好就可以打我吗？”

“你什么时候可以长大呢？”

“我已经长大了！不用他来管，不用你们来为我操心！我都会洗碗，会叠被子，会收拾房间了，我还敢一个人住，还可以自己打饭拎开水，可以独自做一些事了，你们还认为我小。”

“这些事会做就长大了吗？你有没有脑子！”

“你怎么又骂我！你是我哥吗？”

“我们上学时就做这些做得很棒啦。亏你还是个女生，这都上大学了，还提及这些，还因此而大大夸口‘长大’，你丢死人喽！”

“那有什么！我学分高。”

“学分?！唉……”海涛气得无语，“要是你有樱子一半就好了！跟了她这么久，还是没学会做人，你——”

“说呀！”

“不说了。”

“没本事说了吧！自小你就比不过我的学习。”

我真的是听不下去了，真没有想到木木也是这样的人！真的没有想到！

我同情海涛，拍拍他的肩，示意他不要再吭声了。于是，他叹叹气坐在地上，耷拉着脑袋。

“木木，你哥哥说得没有错，你真的太无知太天真了。我明白你的意思，面对现实固然是好，可凡事讲求一个‘度’，看你如何把握。学分在当今社会是很重要，可人不能依它凭它而生活，明白吗？真正拥有幸福的人是因为心存坦然、知足、随遇而安。真正充实的人不会仅凭学分高低而论。无论何时，请记住：社会是良师，是最好的大学！地位?！地位不算什么，外表、权势、财富也不算什么，看人要靠慧眼，要看人心！”

“对不起，我不要别人来教我，我会独立！”

“不听劝，你肯定会吃大亏的。”

“那好啊！我在等，等着我们的才女用感觉来吓我！”说着，她摔门而去。

我呆立在原地，没有去拦她，我觉她太受宠、太固执、太傻了，已经无可救药，眼睁睁看着好朋友成这样，看着友情被撕裂，我却无能为力，感到很失败。天哪！怎么在我身边要发生这么多不快呢？不是说“给点阳光就灿烂”吗？怎么我得到阳光不久又要面对雷呢？

“由她去吧！别管她了，别为她而生气，好吗？”

“没关系，海涛，她还没有长大，得用时间来改变。”

“要等到什么时候啊?！”

听着 No.1 里轻柔的音乐，内心却一点不安，静静地，我站着，他坐着，发呆，各不言语，却各有各的心思。沉默啊！沉默！

“喂！你俩在想什么呢？”纪雯已经走到了大厅。

“出来了？怎么不在里头坐呢？我还说带海涛进去相互认识认识。”

“我接了电话还有事，得走了。海涛，怎么坐在地上？”

“没什么。”海涛站起身，拍拍屁股后面的灰尘，“再坐会儿吧！

我还没好好招待招待你呢！”

“不了，我有事，以后日子长着呢！咱再叙。”笑着，纪雯递给我们她的电话号码，“有什么事了找我就打这个电话，OK！别的我帮不了，摆平个是非什么的我倒是大有能耐！”

“好，谢你了。”

“嗨！谢什么嘛，打今儿起咱就是好兄弟了！”纪雯朝我说。

“不敢当！”

“哈——哈——哈！”大笑着，握手后她大大方方潇洒出门。

我们送她出去，已经有辆车在打喇叭，宝石蓝的，在阳光下闪烁着高贵的光泽。

“瞧吧！我老大哥派车来接了，Bye！”

“Bye-bye！”

看着她上了车，对我们微笑，突然很是羡慕。都有本事啊！而我呢？仍一无所有。车从眼前开过，却又慢下来，我看见纪雯伸出头来：

“喂！樱子，瞧我这记性。”说着，从窗口递给我她的手机，“快！把你的号码输给我。”

“哦！”我接过手机，很快输进联系方式。

“好了，走啦！”

“嗯！再见。”

招招手送走她。我一个人溜达回屋，又将自己摊在床上。小窝异常安静，于是我又进入思绪的殿堂。

文凭，钱，权，地位，现实！

怎么谁都会提及这些？诗杰这么说，木木这么说，恺旻也这么说，身边的人都这么说，纪雯也这么说。难道真的是我的思想有问题？唉！我真的很失败呀，和身边的人都没有了共同语言。

正郁闷呢，电话又响起，看看显动着帅帅的名字，我笑笑，不知道这小子又有什么事。

“喂？小兄弟，怎么想起我了？”

“樱子，瞧你说的。好久没联系，也没见到过你。”

“近来工作忙，假期又出去旅游，累死了。你呢？”

“我也是。假期不是没回家嘛，那天和你散了后，我和林枫几乎天天喝天天醉。”

“是吗？我猜，你现在又在喝吧！”

“对！给朋友开生日 party，不喝不行呐！”

“大忙人！”

“要不你来！凑凑热闹。”

“都是谁啊？”

“外校的，全是 Q 大的，有两三个女生。”

“天！不去不去，都不认识，又全场男人，我不活啊！”

“过来呗！你要过来，我打电话给林枫，让他也来，然后你俩再去单独聊聊。”

“胡说八道。什么跟什么嘛！本来没关系，现在倒搞得跟真的似的。我不理你了！”

“哎——呀——樱子，怎么说人家也是 very like 嘛！何必呢？其实你应该考虑考虑，他真的很不错。人好，又有那么高的学分。”

“还想说什么？”

“他就想和你走在一起。他也知道你和恺旻好了几年了，不忍

心去破坏你们的感情，可又喜欢你，那你说怎么办？你不感动吗？我听他这么说，我都很感动，看他这些天那么憔悴，我这个做兄弟的，心也不安呐！”

“是吗？”

“真的。你还是考虑考虑吧！”

“你打给我电话就是为了说这个吗？”

“嗯！反正你自己再想想，他真的很不错！”

“没别的了？”

“没了。Bye-Bye！”

“Bye。”

挂了电话，傻傻地笑，想着帅帅刚说过的话，突然觉得心里头美滋滋的。不禁想到了和林枫每一次见面时的对话、每一个细节，想着想着便睡着了。在梦里，又与他相见，在一个班里听讲义……

一觉睡醒，已是第二日清晨，看表才6点多钟，没心思再睡，起来吃了早点，去学校操场晨跑，竟然碰见了林枫。看他走过来，我假装没看见，趁他和身边的人说话，我悄悄溜走了。心里头乱如麻，真的好喜欢他。我没有心思做任何事情，请假在小窝休息，睡又睡不着，坐又坐不住，干什么好呢？说来也怪，恺旻这周没打电话给我，也没留什么信息，他在干什么？

我拨通他的电话，“对不起，您拨的电话已停机。Sorry……”

唉！想找个人聊天都找不到。

正愁呢，电话又响起，我赶忙接通。

“喂，恺旻吗？”

“樱子，是我，纪雯！”

“哦,纪雯啊!对不起,我还以为是——”

“以为是你老公吧!恋爱中的女人呀,就是不一样,满脑子都是恺旻。”

“快别这么说。”

“喂,今天有空吗?”

“有事啊?”

“我有个姐们儿傍了位款哥,今晚请客,去混吃混喝呗!”

“有这么好的事儿?”

“那当然。出来玩呗!我还挺想你的。”

“那可以吗?”

“快收拾收拾,一小时后我来接你。”纪雯命令似的说道。

“那好吧!你一小时后在No.1门口等我。”

“嗯,Bye!”

挂了纪雯的电话,洗洗脸,梳梳头,照照镜子。这些年在外面一个人过习惯了,没有刻意梳妆打扮的必要,随意惯了。收拾收拾房屋,时间就已经差不多了,我便优哉游哉地下楼去。

“怎么还没来?到点儿了呀?”

“喂!樱子呀,愣什么神?我在这儿!”

循声望去,纪雯坐在一辆粉色轿车里,伸出脑袋,冲我大喊。

“去哪儿,说吧。”说着我坐进车里。

“江枫渔火!”

“江枫渔火!”我觉得这名字好熟悉,“是天涯海角那儿的夜总会吧?”

“对!对!对!是那儿。”

“怎么那么远？”

“消费好，上档次嘛！”

“这男人这下该成穷光蛋了吧！”

“不会的，人家可是大头头，黑白两道混的。”

“原来如此。”

“去那儿的人都是大款，带着他们的小情人浪漫浪漫。”

“你也常去吗？”

“也不是，有活动就去混混，进去跳跳舞，填饱肚子，溜！”纪雯这家伙还真有一套。

“小滑头！”

“不滑能行吗？不滑怕是又变成×××爷，×××长的情人喽！恶心！这个我可不玩儿。玩什么都行，哪怕是冒着喂狼的风险，但这种事儿玩不成的。”

“你怎么知道那地方？”纪雯倒好奇了起来。

“前段时间和恺旻去看日出时见着的，觉得这名字很不错，所以无意间记住了。”

“你们真好！”

“是吗？”

“真的。你什么都好，让我很羡慕。有学上，有人爱。”

“你也不错嘛！一天活得那么潇洒，有吃有穿，无忧无虑。”

“也就够了。人嘛！活那么累干什么？”

“的确。哎，我还没问，你怎么又换车了？”

“我啊！有人送呗！既然白送，干吗不要，白亏了自己！时不时得换着花样儿玩儿。”

“嚄！”我惊奇了。

“我是觉得你人好，是有见解有思想的读书人，不会像那些俗人一样。”

“我这方面的确是想得通。”

“所以嘛，带你玩，给你说什么，我信得过。”

……

“好啦！聊点别的吧！”

“倒是个不错的建议。等等，我先收拾收拾，开慢点。”说着，纪雯拿出包，开始补妆。

“臭美！”

“你那是先天性的，不画也自然、水灵。我这是后天性的，不加修饰会吓死人的。”

“行了吧你。原本长得不差什么，很漂亮的，这么一画就更迷人了。”

“你来点？”

“我才不要呢？麻烦！”

“有多麻烦？BT。”她数落我，还瞅了我一眼。

“小女人，我BT就BT。”我也白了她一眼。

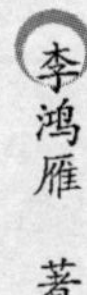

“哈——哈——哈！”两人笑起来。

一路东拉西扯聊来聊去，不知不觉已到目的地。

“美女，到了，车停哪儿？”

停好车，我跟着纪雯踏入“江枫渔火”的大门。这里的确很不寻常，宽敞明亮，到处都是晶莹闪烁的灯光，楼上楼下来来回回的先生女士，着装谈吐都那么具有绅士、小姐风度，整个酒店都充满浓浓的贵族气息。我大方、自豪地迈着步子，跟随纪雯走进一间包厢。

大圆桌上，搁放着晶莹剔透的餐具，再踏上柔软的地毯，靠在软绵绵的沙发椅上，周围是华丽的设施，那顿美味佳肴别有风味。过去父亲休息时，和朋友们在这样的豪华间里吃饭、聊天，常常会带上我和母亲，有时候还带上爷爷奶奶，我们享受着温馨、华贵、快乐、幸福的生活。而今呢？看吧，这桌子上都坐些什么人？××公司大老板、××局局长、××市市长……一个个挺着将军肚，笑起来满脸横肉，一个个身边都黏着位年轻貌美的姑娘，拉着手，搂着腰，吃吃喝喝亲昵得不得了，站在桌前看到这些，我恶心得想吐，哪还想待在这里呀！

“你好！”

“……”

通过介绍，纪雯友好客气地一个个问候，我则在旁边板个脸，不动声色。关我什么事？我懒得理会这些无聊的人。不！直接不是人！

“不好意思，我们来晚了。”

“没什么。这位小姐是——？”

“这位是——”我拽拽纪雯的衣角，“这位是我妹妹。”

“哎哟，是纪雯小姐的妹妹啊！长得就是水灵。”

“那是，那是。”

“怎么不笑一个？”

听他这么一说，我转身向外走去。

“这脾气还不小嘛！哈——哈——哈!”

“您别生气，她还小，这一路过来也够她受的，晕车特厉害，八成是要去洗手间。刚才就喊着要睡觉，心里头难受，是我硬拉来与各位领导见面的。您没瞧见那脸色都不对吗？”

我听着纪雯编造着故事圆场，心里头也很不是滋味，自己的冲动竟带给纪雯麻烦。我和她不同，我可以一甩手走人，两不相干，可她要靠这些关系来生活。我想我是真的害了她。于是靠在大厅的沙发上发信息给她：

纪雯，对不起，给你添麻烦了。我真的受不了这个场面，我不适合，所以，刚才太冲动了。对不起，希望你原谅。你们继续，不要管我，我去外边散散步，填填肚子，放心玩吧！有事发信息给我。樱子。

发完信息，走出大厅。迎着海风，行走在软软的沙滩上，清新的空气，令我倍感轻松。买了点糕点和饮品，拎着它们，一直走到那个与恺旻看日出的地方，坐下来，一边吃着东西，一边捡拾着那段美丽故事的记忆，轻轻哼起熟悉的歌：

海风在我耳边倾诉着老船长的梦想，白云越过山风努力在寻找家，小河躺在森林的怀抱唱着春天的歌，我把岁月画个风筝往天上放；贝壳爬上沙滩看一看世界有多大，毛毛虫期待明天有一双美丽的翅膀……

二十七

不知坐了多久，唱了多久，想了多久。

“一个人跑到这儿消遣来了？唱得好幸福、好浪漫啊！”

听到有人说话，那是纪雯的声音。我回过头看她走过来。

“怎么有空出来，忙完了吗？”

“唉！吃完了，他们去 happy 了！”

“你去玩玩呗！”

“烦！几乎每天都这么过，挺无聊的。”

“是啊！我是一点儿也受不了。来，坐吧，给，吃东西。”

“今儿就不该带你来，不吃不喝的，一个人逃到海边，吹着风吃着零食，怪可怜的。”

“其实没什么。一个人清静清静也难得，我还得谢谢你。”

坐在海边，我们又聊了很多……

拉着手儿，两人说说笑笑。回去的路上纪雯开车，把我带到了一家咖啡店，当时我并没注意到店名。随她进去，刷了卡，坐在二楼玻璃窗边。两人面对面。

这里同样是幽雅的环境，华贵而不乏古典之韵味，难以用语言来形容。我非常喜欢这里，有鲜花、香水、美酒、咖啡，有香烟所汇集的淡淡香味。有典雅的钢琴乐曲。这里人很多，却一点也不闹，大家各谈各的，互不干涉，整个店里宁静而祥和。真是一种享受！

纪雯点了一支香烟，习惯性地两指夹着，放到嘴边，吸一口，轻轻吐出烟圈，反反复复，那一系列的动作自然、熟悉。我向来是讨厌女孩抽烟的，嫌做作、恶心。可是看纪雯却与众不同，反倒有种羡慕。我知道我是在羡慕她的潇洒和自由，羡慕她的能耐。其实，这是一种生活的本事。

说起“本事”，我倒想起木木。那时还跟我争论，她所谓“本事”就是只顾学习书本，而绝不涉足社会，以为那是纯洁，是清高。而我现在倒觉得纪雯有“本事”，她也是多少有点知识的，待人处事头头是道，自个儿有脑子，一点儿亏也不吃。不是说不去学习书本，也不是说放开了去混，而是觉得应加以结合，这样做人怕是很难，木木是安逸惯了，纪雯是奔波惯了，我这个旁观者实在是无能力去改变谁，也许这就是她们各自的命运，靠她们自己掌握了，我的命运呢？看看身边，看看自己，也应该是受益匪浅，也应该去芜存精了吧。

“想什么呢？”

“命运。”

“你也信这个?！我的大学生。”纪雯笑着。

“怎么不呢？”

“我都不想了。”

“此话怎讲？”

“过去就是这东西缠着我不放，让我魂不守舍，让我更觉得生活黯淡无光，消极得要死。后来，想开了呗！”纪雯一边说着一边吐了一个烟圈。

“是吗？”

“当然。别想了，像我这样，该想的想，该忘的忘，有得吃喝有得钱花就够了。其他的，我不想……”

“话虽这么说，可也得有个拯救的人嘛！”

“拯救？！别开玩笑，傻子！读书成傻子啦！现实点吧！”

“现实？什么又是现实！别把全天下都想成灰黑的！总有彩虹的，你瞧着！”我争辩着。

“下辈子吗？”

“没那么远！”

说着说着，她又取出烟来，递给我。

“来一支？”

“不用客气。我从不碰它。”

“那也好。”她收回去，自己又点了一支，“女孩子，还是别抽的好，身子骨重要。记住，出去也别抽！不过我知道你很能喝酒。”

“那也是借酒消愁罢了。”

“那样岂不是更愁？酒也得少喝。记住，以后出外别喝别人给你的酒，在酒吧里头也选择自己的，喝量要适度。和男人们在一起，尤其要注意这一点。”

“这我也清楚。”

“现在的男人们，没一个好东西，小心点为好，别被糟蹋了。”

“是啊！”

“别看我一天到晚不务正业，头脑还是有的，还是很清楚，思想也是高尚纯洁的，只是堕落罢了！”

“不！你错了。你不是堕落者，你是一个成功的女孩。只是以后少抽点烟，注意身体。身体可是本钱呐！”

“是啊！家里也指望我支撑着。”

“对了，爷爷奶奶怎么样？一直没听你提过。”

“还好吧！那小铺面两年前我就让关了，开那店干什么呀！没什么收入还费心费神累得慌。我办了张卡每月给他们打去几千元钱，还有些衣服、吃的。辛苦一辈子，也该享福了吧！只是遗憾两年没去看他们二老了。”

“应该回去一趟，看看他们。”

“这边也脱不开身。本想把他们也接来，在大城市生活，见见世面，可后来一想，我现在忙这些乱七八糟的活儿，自个儿都顶风冲浪的，还是让他们待在老家，我放心些，他们也会更舒服。”

“这话也在理。”

“卖了那铺面我就弄了一套楼房给他们，三室一厅，装修得好，彩电、冰箱、床、沙发、浴室、卫生间都全了，请了一位保姆给他们做饭，陪着读读报、说说话，出去转转。这样我也放心。”

“有心人呐！二老有你这样的孙女儿，是幸福啊！”我感叹道。

“要做的也只有这些。”

“早说过没有看错你。”

“胡混乱拐的。我这是瞎猫碰上死耗子。”

“不错不错。不过纪雯，混是混，别玩太黑太大的，别把自己给毁了。钱嘛！差不多就行，命还得留着啊！”

“这个我也知道。D哥还让我去弄点粉，换些钱，我都没接，我才不傻呢！要因这个进了局子，这辈子都完了。”

“那就好。”

这一番对话让我心潮澎湃，真的是环境造就人才。我们聊得很多，聊得很投机，很认真。不只是现在的状况，我们谈到过去，那时在一起上学……一高兴，酒也端起来了，美酒、咖啡、旧友、往事……醉了，迷醉了！真不知道是怎么把车开回来的，更不知道是几点回来的，只知道我一直与纪雯在一起聊啊聊，喝啊喝，唱啊唱的，她那晚去了我的小窝，躺在我那地板床上，一会儿笑，一会儿哭……

睡眼蒙眬之际睁开眼，吓我一跳。纪雯正爬在我旁边一直盯着我。

“你干什么？”

“怕什么？看你呗！”

“有什么好看的！”

“你呀，就是传说中的睡美人！我都看了你老半天啦！”

“BT——讨厌——”说着，我转身用被子蒙上头。

“好啦！大小姐别再闹啦，起来吃午饭——”

“午饭?！”我坐起来，“几点了？”

“一点多了。”

“天！真能睡！”

“是猪都这样！”

“你——”我去打她，她满屋子乱跑，“你回来——”

“我不！来抓我啊！”她还是那么调皮，没有脂粉，没有束腰挺胸的时装，扎着马尾辫，在阳光下笑着、跑着、跳着，那么轻松自在，那么清纯可爱，我越来越喜欢纪雯。

“樱子——樱子——你在吗？”

“喂！樱子，有人在叫你，在敲门呐！”

“开门吧，是诗杰。”

门打开，诗杰牵着他女朋友的手进了屋，不禁笑起来。我才注意到屋子是那么乱，被子也没叠，我和纪雯的衣服到处都是。

“有什么可笑的。”我白了诗杰一眼。

纪雯和我赶快收拾好衣服，先拿出小椅子让他俩坐下来喝果汁。

“怎么，纪雯昨晚在这儿睡？”

“嗯！昨晚玩太迟了。”

“两疯丫头去哪儿玩了？”

“喝喝咖啡，喝喝酒，聊得尽兴，醉了！”

“哟！还挺浪漫的嘛！”

“再怎么哪儿有你浪漫呢？”我挑衅地说。

“呵！成心和我过不去啊！那我可是白来喽！”

“你这调皮蛋，没正经的。”

“你也正经点儿?!”

“好吧！说，又有什么事？”

“‘又’?！唉——又请你吃饭！”

“真的吗？”

“那当然！没良心的。”他说着说着也白我一眼。

“得！你俩省省心，一见即发！”纪雯在一旁劝着。

“纪雯！他这人就得好好地吵，多多地诈！”

“纪雯，晚上有空吧！一起去吃饭。”

“诗杰说得对，一起去吧！”

“那好，老友也该好好聚聚了。”

“行！我叫上海涛兄妹俩吧，樱子。”

“嗯！反正好久也没见着了。”

“你没去 No.1。”

“没有。我和木木那次闹翻了，所以，在家闷了一阵子。纪雯找我才救我出苦海啊！现在，轻松多了。”我说道。

“你这贪玩鬼！好啦，我们走，你俩好好收拾收拾，晚上在 No.1 见吧！老时间。”

“OK！”

送走诗杰，我们开始吃饭，今天的饭菜格外香，都是纪雯亲手做的。这是我第一次吃她做的饭菜，真不知道她还有这一手。她说这也是逼出来的，常常吃外面海鲜大菜太腻了，有时间她就自己做饭吃，吃来吃去还是家常饭菜好吃。

“樱子，刚刚那女孩儿是诗杰女友吗？”

“对。又找的。”

“又找的。原来老家那个呢？”

“他来 B 城后，两人不了了之，现在怕是也没联系上吧！再没问过。”

“她长得很可爱啊！大眼睛，皮肤好，胖胖的脸蛋。”

“就是。两人关系也好，爱好也一样，整天黏在一起。”

“她做什么？”

“开一家流行服饰店，生意好得很。”

“挺好的。”

“是啊。双方家长也都同意，看来，这就是诗杰的终点站了。”

“都有归宿了。你呢？忘问了，恺旻再有没有打电话？”

“没。他呀准是又出差了。”

“想他吗？”

“想他又怎么样？习惯了孤独呗！”

“你俩也挺让人羡慕的。记得上学那时你俩就好上了，也有好多年了吧！还这么好。”

“唉！真是旁观者清。我俩也是常常吵架，这其中还分了三四次手，原因也一时说不清。唉！过去的就过去吧！现在就这么过吧！”

“就是。不过你啊——就是感情上太认真。”

“不由自主。”

“是心太软。樱子，说真的，现在这个社会，开放得很，喜欢谁、爱谁，就和谁在一起，不讲究天长地久永不分离的誓言了。现在流行一句话‘不在乎天长地久，只在乎曾经拥有’，听见没？别委屈了自己。”

“知道了，纪雯。”

听纪雯这么一说，我倒是想起林枫了。这将近一周没去听课，没有见着他，也没任何联系，还真想他，不知道他过得怎样。我想过完这两天，下星期就去听听课，说不定能碰见他呢！

“想什么呢，樱子？”

“啊？”

“想什么呢？”

她这一问我倒不好意思说了，一个人傻傻地笑。

“什么话让你难于出口？瞧，脸都红了！”

“哎呀！纪雯你又开玩笑。”

我确实打算告诉她我的心事。

“纪雯,有个事儿要给你说。”

“什么?”

“感情方面的。”

……

……

讲述着我与林枫的相遇、和他的对话、他对我的在乎、我对他的感觉……纪雯听得很认真。

“喜欢就好呗!”

“可我还是很爱恺旻的。或许只是现在孤寂吧,想找个人来陪。”

“那就脚踏两只船。”

“让他做我的校园恋人?”

“就这意思。”

“可我已经拒绝他了,告诉他 love≠like,告诉他友情比爱情更长久!怎么再开口。”

“告诉他你后悔了,你拒绝后才发现自己很喜欢他,所以能不能让他忘掉前面的话,与你走在一起。”

“可是——”

“别可是什么了,大胆去追,要想幸福快乐就要大胆追回来!”纪雯竟鼓励起了我。

“那好吧!”

“哎呀!快到点了,咱收拾收拾下去吧!别让诗杰他们等时间太长。”

“嗯!”

我们去那家海鲜店吃鱼头，继续聊，是纪雯抢先结了账。她今晚没事儿，我又拉扯她到我那儿混去了。这黏在一起就又是两三天，舍不得分开。就像纪雯所说，我们都已经长大，有各自的方向和生活，再不是过去那个无忧无虑的小鱼儿，等着人来喂养。我们要忙起来，用积极、用热情去面对明天，明天才会更好。

说得真好，“经济要独立，女人的经济更要独立。”这样才不会被歧视，才会在社会上站得住脚，也更有信心面对一切。

所有的痛苦、困惑应当忍受，应当退让，风平浪静、海阔天空时，再潇洒走一回！我想通了。

二十八

新的一星期开始，我又开始抱着书去 B 大听课，混得跟真的一样；又开始背着吉他去 No.1 做我的音乐，唱我的心声。一星期里过得很轻松，也很快乐，转瞬即逝。这一星期里我偶遇林枫两次，一次是在校外的小区门口，帅帅叫我过去随便聊聊，他从超市买完东西出来，简短问候，而后 say goodbye，各自散去；一次是在校门口，我和木木聊着天正走呢，他和帅帅迎面而来，打招呼，say goodbye！能以朋友的身份坦然面对，让我满心欢喜。

又是一星期，莫名地收到一个条儿，打开一看才知道是林枫写的，信中说每次相遇他都想和我说些什么，说其实早就想写信给我；向我道歉说不该突然闯入我的视野，还说这都怪他的冲动；言语简单却真诚，让我莫名地感动起来。再看看后面一段话吧！他说原来幸福就在他身边，他却没有发现，现在终于找到了那份属于他的幸福，希望我们能成为好朋友！

能收到他的信的确很高兴，可就这最后的话语怎么让我心里开始泛酸？反复地看，心里头反复地高兴，隐隐心酸，通过这封短信，我已经可以确定自己已经深深地喜欢上他了。给他的回信很快，言语也很俏皮，我还在信中骂他是个粗心鬼，竟把我的名字给写错了，而且是自己造字！我还答应与他做好朋友，并希望有福同享有难同当，还在最后祝福他抓住了身边的幸福，找到了身边的陪伴。

信是送出去了，心却更加凌乱、不安。

接下来的日子很平常，也很乏味。我依旧过着平淡如水的日子，忙碌着我的事情，只是在No.1、在校园我再也没有碰到林枫，没有他的任何消息，也没有他的回信，他像是被蒸发了。我真的开始疯狂地想念他，在可能遇见他的地方去寻找，去等候他，那个让我熟悉而又陌生的背影。结果是令人失望的。

这些个夜晚我常失眠，常披着衣服趴在平台上看天空，数数星星，想想他。我真的很想他。想起纪雯说的那些话，再看看自己，我想我真的应该去争取，而不是等待。

说来也怪，这头一天晚上想着法子呢，第二日早晨我就碰见了林枫，看他朝这边走来，我都高兴得不知道姓什么了，做好一切思想准备与他说话，心里头还真够紧张的。瞧吧！他越来越近了，我就在这个路口等他经过。

"林——"

我刚要开口叫他，却又没有再出声，他从我身边走过，看都没有看我一眼，我——我是那么失落，泪都快流出来了，我愣是忍住了。为了发泄，我绕着小道疯跑，直至图书馆门口站住了脚步，此时我又看见了他。这回真注意到了他的表情，没有过去阳光般的笑容，而是冷冷的，满是愁云，他怎么了？我想着，走着，看着他又转身进了图书馆的大门。我不知道他是真的在逃避，还是的确很忙？我不知道他是真的早已死心！并找到了自己的幸福，还是只是在骗我，在给自己找退路？我不知道，不知道！也许是我在自作多情吧！擦掉眼泪，我向小树林的方向走去，他从图书馆出来，向球场方向走，在两条路的十字交叉口我们又一次相遇，却擦肩而过。我们都冷冷地走，没有言语，没有回头。

这是春天，已经有草了，适度的阳光温柔地抚过我的脸颊，我哭了。我在小树林里踱着步子，踩着软嫩的小草，小草痛了吧！心冷了吧！正如林枫对我的冷漠，让我痛，让我心冷；正如恺旻给我的孤寂，让我痛，让我心冷。为什么？为什么受伤的总是我？事已至此，就罢手吗？

“绝不能放弃，你应该去争取！”纪雯这么说。

“或许这里有误会，他不可能这么潇洒。”木木这么说。

我内心矛盾了，我想到潇楠了，也想到了敏，想到了瑾锦，都是我的好姐妹，大家却都不在身边。突然想到家，觉得出来这么多年，也该回去瞧瞧了。爷爷、奶奶、外婆，还有父母，还有姑姑姨姨，他们都还好吗？兄弟姐妹们还都好吗？想他们啊！想着他们，却任性、固执地不去联系他们，这性格？过去我以它为荣，现在却让我觉得羞耻！这个性格让我与家人隔绝，让我与爱我的人和我爱的人隔绝！我——真的无言了。

想来想去，我觉得应该再试一次，觉得纪雯和木木说的都在理，他真这么潇洒?！这回我亲自登门Q大。茜边给我带路，边在一旁说林枫，说他没什么不正常的，说他还同以前一样。到教学楼下，她说有事，便先走了。我一个人随便走走，觉得挺无聊的。

“樱子——”

听到一个很熟悉的声音叫着我的名字，我回过头来看看，教学楼口站着一个胖胖的女孩。

“是樱子吗？”她很质疑地向我走来。

“胖姐！”我看她走路就认出来了，还像当初一样。

“呀——”两人高呼着，紧紧拥抱在一起。

我和她坐在教学楼不远处的草地上，聊聊各自的生活，我讲给她在 B 大念书的狼狈，讲给她三生有幸与诗杰、帅帅又走在一起，讲给她与恺旻分居两地还时时争吵的无奈，讲给她在 No.1 Pub 打工，讲给她我又喜欢上她们 Q 大的男孩林枫。

“林枫？”

“怎么啦？”

“你说的就是那个学生干部林枫？”

“对啊！”

“他说他是个‘玻璃’。”

“‘玻璃’？”

“就是同性恋呗！”

“啊？不会吧！”

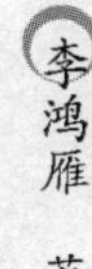

“我也不清楚，反正听他说过，还说帅帅是他的老婆，好恶心呀！听得我都没有食欲了。”

“同性恋？不会吧！他看不出有什么异常的呀？”

“就是。”

“不会的，那一定是他在骗你，他不是那样的人！不许乱讲。”

“哟！看来你还了解他不少嘛！”

“其实谈不上了解。只是觉得白羊座的男生不是这样的。”

“你怎么知道他是白羊座男生？”

“猜的。从初次见他，到初次交谈，从他的长相、他的性格、他说话的态度和声音各个方面我猜的。”

“神了！”

“也没什么‘神不神’的。猜对了就是秀才，错了就是蠢材呗！”

“坏丫头，还是嘴巴工夫深！”

“几年不见，一如既往，还欺负我！”

她又开始打趣我，让我不能够反击。

“好了好了，别闹了胖姐，我还有事儿。”

“什么事儿？是在等林枫吧！我去叫呗！”

“不！不用叫，也不是等，只想碰碰运气，看看他而已。”

“无法自拔喽！看来我得好好告一状给恺旻。”

“去吧！各有所爱！”

“樱子，你要放弃恺旻吗？”

“不！”

“那林枫——”

“我爱恺旻，这是实实在在的感情；我喜欢林枫，也是真真切切的感情。”

“这我就不明白！”

“一个在那头，遥不可见；一个在这头，天天相处。也是填补心里的空虚吧！是不是很自私？”我问胖姐。

“那倒不是。只是觉得你和他——”胖姐止住了话。

“怎么了？”

“你不适合他，樱子！”

“为什么？狮子座和白羊座是最合得来的。”我觉得她说得不对，忙解释。

“不是。他呀！他是个——”

“他不是同性恋，我确信。”我又辩护！

“不是。我是说，他是个大众情人，不适合你！”

“大众情人？此话怎讲？”我又问。

“就是说，他和谁都好。”胖姐的话依然认真肯定。

“和谁都好？”我觉得很奇怪。

“就是说——哎呀！怎么解释嘛！”

“那他干吗还来追我？”

“追你之前就好着一个。现在别人又给他介绍了一个。”

“又介绍了一个？”

“对啊！”胖姐点着头。

“他们好吗？他是不是很爱那个女孩？”

“不知道，反正我觉得他不适合你。你最好别再想他了，好好地珍惜和恺旻的感情吧。”胖姐再三劝我。

“难道？那就是他身边的幸福？”

“你说什么呐？”

“没什么。”

我已经有些失望了，站起身来想走，但又站住脚步，我还是割舍不下这段情谊，我还是想见见他，和他说说话，哪怕仅是一个笑，仅仅一句问候都可以，都足够让我满足。

“发什么愣呢？樱子——”

“啊？胖姐，有什么事？”

“发愣，瞧见没，林枫来了。”胖姐指给我看。

“在哪儿？”我忙问。

“门口，看，下楼梯呢！”

我远远看着他走下楼梯，拐向这边。想必他是看见我了吧。他是不是……我正在想呢。

“林枫——”一个女孩在后面喊他。他循声而跑，却被那女孩从后面拉住，打他，花拳绣腿，两人打闹得很是开心，就在我眼前。我看到了那个女孩儿的清纯可爱，看到了林枫的阳光灿烂，听到了他们开心的笑……

“樱子——”胖姐推推我。

“胖姐，我想，你是对的。”

“你自己看着办吧！”

“朋友。”我脱口而出。

“定了心思？”胖姐问。

“定了。”我故作镇定。

“又在装！”胖姐摇摇头。

“那又怎样。这种‘校园恋人’的游戏我玩不起。”

“是你根本不适合玩。”

“那就让他好好‘玩’吧！我想我该走了。”

“是啊！走吧！留个电话给我！”

把手机号输给胖姐，带着一份伤感，一份失落，拖着沉沉的步子，沉沉的心，我一步步走，没再回头，正如那次的擦肩而过，两人没有留下任何值得记忆的东西，除了泪水和心中的那些酸涩。

在日记里，我写下一首诗：

再一次伤痛

偶尔的相遇让我惊喜万分
偶尔的对视让我不知所措
一瞬间，当擦肩而过……
失落和孤独便牵起我的手
尽管我是那么不情愿
但仍是无法摆脱！
是谁在这冥冥之中指引？
是谁在这无形中受伤？
不知道！什么都不知道！
只是泪水再一次浸湿双眼
好吧！就让我再一次伤痛……

李鸿雁 著

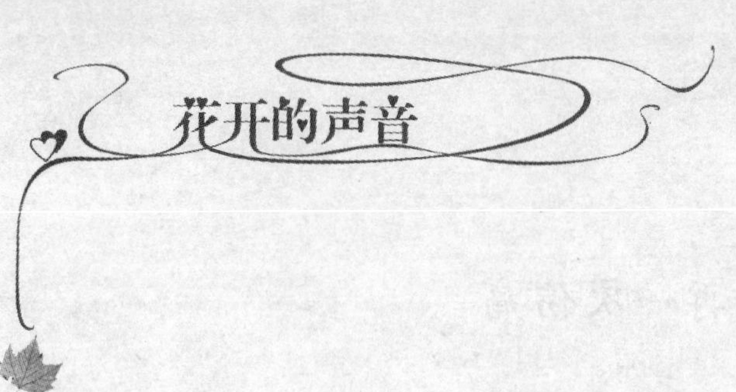

二十九

我又回到了No.1，抱起吉他唱我那些伤感情歌，唱到心碎唱到心痛，唱到伤心欲绝；唱我那些思念恋歌，唱到泪欲流尽。这是我的风格。

“当你孤单，你会想起谁，你想不想找个人来陪……”

回到自己的小窝里，才安心。唱机里反复唱着《当你孤单你会想起谁》，它一点儿也不知疲倦。而现在已经是凌晨四点多钟了。这个点让我想起了除夕之夜。我和林枫、帅帅一起唱歌、聊天，一起喝酒一起在凌晨四点多钟溜进学校放烟花……一晃就三四个月了，而今却和林枫闹成这样。哎呀！不多想了，也许他这些天有不高兴的事所以才……自欺欺人。

压抑着心思，上着课。这一星期是我在B大最难过最痛心的一星期，也是在B大的最后一星期。每天都可以碰见林枫，每次见他都冷眼看我，每次都擦肩而过，这是为什么？为什么那么冷酷无情？他变了发型发色，换了衣着，已不是我最初在校园里遇见的林枫，我觉得他这样子很放肆，简直是不可理喻！怎么会这样呢？帅帅沉默不语，胖妞沉默不语，我也懒得再过问。

没有爱情，难道就不能继续友情？只是这么一遍一遍地问自己。

好久没有见到恺旻了,他的电话虽是能打通,但他总是“很忙”的借口让我开始觉得被他的谎言所包围。越来越没有了安全感,越来越没有了共同语言。后来,终于连续几天的争吵,大肆爆发了积压这么些日子的怨气和委屈,直到谁也不理谁!没有电话,没有见面,甚至好不容易见一面却相互不理睬。这种沉默,这种平静让人感觉到的反而是更多的恐惧。

“这次怕是完了……”

“这次坏事了,完了……”

“这次什么都该结束了……”

………

这是我常常挂在嘴边的话。我真的怕了,怕失去这份感情。可是,又有什么理由让我去相信他的话他的行动,怎样才能使我俩都相互真实地面对?受不了的矛盾感受,让我……让我鼓起勇气拨通林枫的电话。

怎么会想到约他到我们的pub?我自己都不知道。只知道和帅帅、海涛一个劲地吃着爆米花、喝着酒、唱着歌,直到他进门,坐在雅座上!

………

不知道聊了些什么,他不胜酒力,马上红了脸,睁不开眼,我觉得很可笑,不过又觉得他怪可怜的,瞧吧!他倒在沙发上,快睡着了。今儿很冷,我就坐在他身边,直发抖,却不动声色,只是不断地喝酒,想些什么自己都不知道。蹦迪时间到的时候,关了所有灯,打开舞灯闪动,那种快感超然……无法比拟。好多人都奔向舞池,尽情摇摆。那强劲的舞曲，驱除了我心中所有的杂念，只让身体跟着乐点摇摆。我们都情不自禁！

不知什么时候林枫坐起来，把我揽在怀里，我有些紧张，却没有逃开，一动不动，只是听着自己紧张的心跳。渐渐地他的脸也贴近我，他拉住了我的手，还没等我反应过来，他已经给我一个吻。"天！怎么会这样?！"我开始问自己，不断地问自己，我要逃掉！可是还没来得及又被他紧拥在怀中用他热烈的吻堵住我欲言的唇。

"不！不！不！"

我的心在呼喊，我猛然清醒，意识到这不是我该投入的怀抱！这里有宽大的肩膀，有有力的双臂，有高大的身影却没有我想要的安全，没有那种熟悉的温柔与安全。林枫会轻轻地伏在耳边叫我"老婆"，会端给我水杯，会给我递泡面……这些确实让我感动，但又觉得他不值得我依靠。

我才发现自己的心，还一直留在恺旻那里，我以为把心交给他我才是安全的、幸福的，即使有时会有些不快乐。

"你的眼睛真美！"林枫望着我说。

"是吗？你的也不错！"我显然有些不怀好意。

他不再言语，我也懒得理会。沉默让我觉得无聊透顶。端起桌上的一杯酒一饮而尽，我注意到了他看我喝酒时的表情，皱着眉，显得很不满。我才不在乎呢！转身走开。坐在吧台前我继续吃着东西唱着歌，不理会别的。他一个人坐在原地。

怪！曾经是我疯狂地喜欢上了他，可他的逃避、冷漠让我伤心，我还气愤地问过："没有爱情，难道就不能继续友情？"而今是他主动地靠近我，拥着我说爱我，我却反而逃避，害怕起来。许是一切来得太突然了吧。我们发展得实在太快。其实,应该放慢速度才好,最好减为零。

这是我们的初次约会,是开始,也是结束。

从这次之后的几天里我们没有联系,这种热情消退殆尽的冷漠让人感到乏味。而面对恺旻对我的好,让我审视了自己的感情——我爱的是恺旻。而林枫,胖姐说,只是一个影子而已,只是个过客。

又过年了,外面爆竹声声,所有的人都欢欢喜喜地在过年,而我却赖在床上,眨巴着眼睛望着天花板发呆。“年”对我已毫无意义。寒皓这时发信息,什么祝福啊!问候啊!乱七八糟的,回复信息都让我生烦,不理他了。信息提示音不停地响啊响的,好久……我很无奈地阅读,却让我惊异。寒皓他还是那么执著地问我一个问题:我在你心中的地位是什么?确定一下我们的感情!老天!都这个时候了,为什么还要给我添加烦恼?让我徘徊于三个男孩子之间,爱我的人和我爱的人和喜欢的影子,我……

今夜无眠。我想了好多。

打开电脑,登陆……聊天室里没有什么人,无聊的我来回翻看着好友的名单。不知不觉地停在林枫那里,反反复复看着他的网名。不久,头像开始闪动、点击,我看到了他的留言:

对不起,不是不说话,而是不在线。我和她毕竟那么久的感情了……

这简短的话语已表明他的心意。没有共同语言的人终会有个共同的结果:分开。我的心(忽然觉得有种释放的快感,但又有些隐隐的酸痛）豁然轻松。回复——我说他没有责任心，玩弄感情，骂他这辈子都完了！……发送。可是回过头来想想看，觉得自己是有些可恶，做得过分了。自己不该将全部的“不是”统统推给他，这让我很自责。可是，谁让我是“死要面子活受罪”的狮子座人呢？

和林枫的情感到此可画上一个句号了。平淡的连我自己都不敢相信，这事情从头到尾竟如此之快，一场游戏一场梦！

现在，不得不承认，“人是善变的动物。”对于“变故”或许多数人认为是突如其来、措手不及的。而我经历了这么多，已见怪不怪，习惯成自然了。我不知道林枫用什么心态去面对这些，或许会伤到他，也或许他同我一样无所顾忌。

又是一学期的开始。

恺旻对我越来越好，我们形影不离。新年过完，他索性住在我这里。放学后我们一起吃饭，晚上一起去 pub，他陪我工作，没课的时候我们去逛街……一如既往。我们决定存够了钱，买一栋大房子——有淡蓝色墙壁，还有一间屋装成 pub，客厅里有舒适的家具，餐厅宽敞洁净……这是梦吗？我很明白我们的现状，但两人的感情好到了无话不谈、无所不想的地步。这是梦想，也是我们生活的动力。每天奔波忙碌就为的是生活，为了能有一个属于我们自己的温馨的家。这幸福快乐、无忧无虑的日子让我真真切切确定了自己的感情。

在校园里依然能遇见林枫。我只是假装旁若无人，不去理会他，对此，他很茫然，他也曾经问过我为何两人相见似曾不识没有言语？我只一笑而过，转身离去。我又想到了他的网名“爱你绝非游戏”，原来，对这段情感虚伪的不仅是我而已。欺骗的结果也终会是：分离。

“对不起，您拨的电话暂时无法接通……”

怎么搞的，不见他人影，拨不通他的电话，这个恺旻怎么了？一天、两天也罢，可是这都一周了，怎么会不叫人担心呢？我开始没精打采起来，脑子里也乱哄哄的一片，到底发生什么事了？心急如焚。后来打电话给恺旻的同事，才得知他出差的消息，这才让我舒口气，天天嘴里念叨着他能快点回来，平安回来。人是等来了，还吃了顿饭，可之后又一周没有消息了。唉……真让人又急又气。他总是这样，让人一惊一喜的，好的时候能将你疼到天堂，气人的时候能将你甩下地狱！可恶。这么一来，又让我想到林枫对我的好。怪了！怎么又会想到林枫的好呢？不是断了那段情吗？怎么……和林枫走在一起，想着恺旻种种的好，和恺旻在一起，却又想着林枫，这是什么嘛！连我自己都弄不清楚了。我开始怀疑自己是不是把心丢在了林枫的怀里，为什么现在还能感觉到他的温度和气息？

累啊！

我将自己锁在屋子里，整理思绪，却是越整理越乱。

禁不住又哼起那首老掉牙的歌曲：

风停了云知道，爱走了心自然明了，它来时躲不掉，它走得静悄悄；你不在我早已预料，扰乱我平静的步调，怕爱了找苦恼，怕不爱睡不着……

若不计较就一次痛快燃烧……

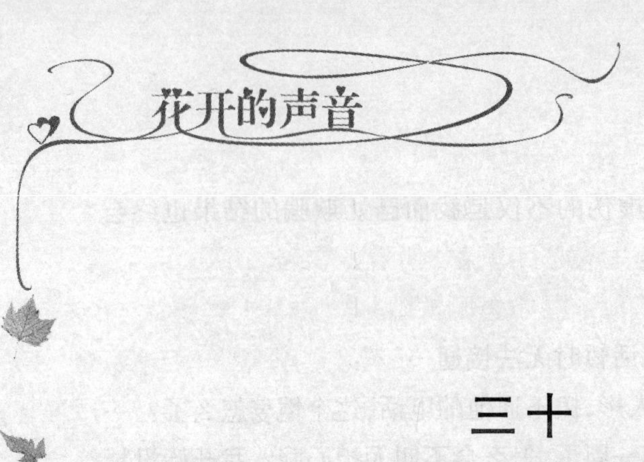

三十

下雨了。这是今年的第一场雨。

坐在窗前翻看一本很低俗的言情小说，看来看去开始觉得很没意思，现在的故事都写的是同一个味道，看了头就能猜到尾，难到生活竟如此无味?！合起书，扔到墙角。自己也瘫在床上。听！雨越下越大，偶尔还会有雷声。我望着天花板发呆，脑子里一片空白。

无聊透顶，便开始自言自语，有说有笑……倦了，闭上眼睛。

你听！海浪的声音。你闻！还有花朵的香气。

一个人漫步，一个人阅读，一个人写作，一个人唱歌……就在那没有一丝云的晴蓝的天空下，在那波涛澎湃、广阔无际的大海边，挽起裤腿，光着脚丫。松松软软的海滩金黄的沙，腥咸清爽的海风，徘徊于天地之间的沙鸥……一切都显得那样的自然、真实、亲切。夜幕降临，我往回走，我们的身影被霞光拉得很长，还有身后的那串脚印……

不远处有个别墅，园子里种满了花儿，靠着窗还有两株高大的椰子树。透过落地窗，可以看见一架白色的钢琴，我坐在前面弹奏着一些美妙动听的乐曲，任手指在黑白相间的琴键上跳动，用心听着钢琴清清纯纯的音色，还有那发自内心的旋律。曲罢，还有掌声。

屋子里没有别的人，只有我的姥爷姥姥、爷爷奶奶、爸爸妈妈。

品尝着姥爷和妈妈做的可口饭菜，听着姥姥和奶奶讲旧时的故事……我走进院内，抱着毛绒玩具晒太阳。暖暖的阳光洒在我身上，舒服极了。照着我的小屋，橙色墙壁、玻璃桌柜、玻璃地，还有那些透明的饰品，处处金光闪闪，很是耀眼，不由得闭上眼睛……

“轰隆”一声响，我一惊，睁开眼，唉！这只是一场梦而已。外面的雨裹挟着雷声下得很大，我觉得有些冷，拉开被子，还是感觉冰凉冰凉的。不由得想起姥姥。那时候，我的被褥全是她老人家一针一线缝制的；那时候，我吃的热乎乎的豆沙包也是她老人家亲手包亲手蒸的。姥姥的眼睛不好，可是她是个懂得知足的人，是个勤劳坚苦，温柔善良的人，苦了一辈子，默默奉献了一辈子。现在呢？

翻看日历，已到清明，我却没法儿回去给姥姥上坟，心里满是愧疚。尤其是老人家去世那天中午，我刚离开家乡，她就……从小将我拉扯大，我却没能去看看她，去送送她老人家，一直到现在，好几年了呀！有时候面对亲情，我都会问自己：这么走，这么冷酷，还是个人吗？可想想身世，又会安慰自己：冷酷并非无情。其实就如泰戈尔诗中所言：世界上最遥远的距离是心与心的距离。在两代人身上更能体现。当我与父母面对面时，他们都不会知道我爱他们，同样，我也不懂他们的心思。因为我们是两代人，有着各自的生活环境和理念，因而我们之间无法有共同的语言。缺乏沟通，将各自封闭、孤立起来，从而感觉生活的路越走越远……

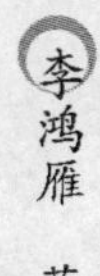

著

其实我特想有个家，和别人一样有自己的爸爸妈妈。现实告诉我，那是一个我所不能抵达的世界。那么，我想回家，回到原来这个给我幸福的家。可性格告诉我，那是一个我所不能抵达的世界。这……这都近在咫尺，却又远在天涯。

我在叹息着生活的坎坷、曲折、艰辛，可惜木木却感叹着她的生活平静、乏味、无趣。看着我写过的随笔，她说自己的文章空洞无物，她总结说是因为缺乏体验与领悟，她说："平静的生活固然是好，可是太过平静了就如一潭死水，让人窒息。有时候真希望生活中起点波澜，可是又怕！害怕波澜之后就再也恢复不到以前的平静。"

她是不是活得太过压抑、悲观了呢？她与我不同，应该快乐无忧，不能因为有我这么一个朋友，而改变她自己的生活情绪，不能让她跟着我玩深沉，我得让她快活些。

拎着包，锁好门，我向学校走去。

我在校门外发短信给木木：

傻猫儿，小鱼儿在水里游。

她马上回复：

小鱼儿慢慢游，猫儿要去散步。

我知道她要下来了。

学校后门的灯很暗，我看到有个瘦小的身影在铁门的那边来回晃。天哪！是见鬼了吧！我一个人站在这空无一人的黑巷子里，心开始发毛。转身就走。

"樱子，樱子——"很小心的叫声。

咦？那不是木木的声音吗？我顺声望去，声音就从墙头传来。

"樱子，你在哪儿？我过来了。"说着，她便翻过铁门，顺着铁门栏，跳到地上，跑到我面前，还喘着气："快走吧！看门的老头快被我们吵醒了。"

"你怎么——"对她这一举动我实在是很惊讶。可是还没等我说完，她便拉起我的手向前奔去。

我们没有打伞，任雨水拍打在脸上，淋湿了头发、衣服，却还故意将积水踩得很高，溅起水花，湿了裤腿和鞋子。说啊、笑啊、跳啊、闹啊……昏暗的巷子里，我们调皮的影子被拉得很长。

"木木，干脆我带你去认识个人，去哪儿一起 happy，如何？"

"谁啊？去哪里？"

"你先等等，发短信问问看，她在哪儿。"

说着，我便掏出手机：

夜鹰，今夜在哪里觅食？

回复：失控。等你。

叫了车，我们赶去那里。

人很多，只好都坐在大厅。点了一杯咖啡，一杯果汁，一壶茶水，一捆啤酒。不一会儿，服务生就全都送过来了。

"再来一包烟吧！七彩。"

"你要烟？"他很是惊讶。

"给我朋友点的。"我并没有注意他。整个大厅里灯光闪烁、乐声震天，还哪里顾得上去看一个服务生啊。可是我能感觉到他一直在看我，努力地看，仿佛我是他似曾相识的朋友。

"怎么？有意见吗？"我问。

"没，没什么。"

"那你快去拿吧！"

“你们就三个女生？”

“对啊！”我白了他一眼。

“那还是别要了吧。”

“你这人怎么回事呀！”我有点生气了。

“我讨厌女孩子抽烟。”他丢下一句话，走了。这让我很是纳闷，突然我想到了寒皓，他曾说过这么一句话，也是这种口气。会不会——哎呀，又胡思乱想了，这是B城，怎么会有寒皓的身影？何况他又不知道我在这里，天下哪还有这么巧合的事？算了算了，不去想了。

过会儿拿烟过来的是另一个男孩，个头小，穿着打扮却挺时髦，虽然戴副眼镜，但笑起来的样子坏坏的。

“这是你们要的东西。”他讲话的声音有些沙哑，却十分客气。

“谢谢！搁那儿吧。”我也很客气地笑笑，而后问他：“刚才那个瘦高个儿是新来的吧！”

“是的。才来一周，服务不到就请提出宝贵意见，我是这里的大堂经理。”说着他递给我一张名片，“有什么事找我，会尽我所能帮助你。”

“谢谢！”我接过名片，知道了他叫飚。

纪雯尽情地蹦迪，木木喝着果汁，我邀请他唱歌，他答应了，我和这个叫飚的男生唱着歌。他唱歌很好听(他说他也来自L城)，我不禁又想起了寒皓。

“你在发呆？这句该你接了！”

“我——我没有。啊——该我了吗？”

“想什么呢？家乡的朋友吗？我们这儿有个服务生也是来自L城的，歌唱得不错，你等等，我去叫他过来。”说着飚起身就走。

“喂——”没等我开口，他已经跑到人群中去了。“来吧来吧，没什么的，我就当刚才什么都没发生过，看谁牛！”

“一个人自言自语，心里有什么鬼？”木木突然到我跟前大声问我。吓我一大跳。

“你吓死人了！也没什么，说带过来个同乡，一起 happy。”

“谁呀？难道在这里也能遇见同乡？”她很吃惊，“那太好了，我一定要认识认识，好好玩一回。”她激动地笑，就像小狗喘息似的，极可爱。我俩乐得靠在沙发背上，仰着头尽情地笑。

“喂——两大傻子——”纪雯大叫，“什么事儿把你们乐成这个样子？快来说说，让我也凑个份儿？”她凑过来。

“樱子说我激动时一笑，就像小狗喘息，还说很可爱，呜——”木木开始撒娇了。

“我看也的确如此。”纪雯看不上这矫情的小女孩，她自己大大咧咧惯了，觉得这很难受，于是瞥了木木一眼。坐下来点了一支烟，悠然地吐着烟圈。木木傻了眼，盯着纪雯好久，才用惊讶的眼睛望着我，摇摇头，端起果汁一小口一小口地喝起来（自从那次 No.1 初见纪雯，她就看不上这放纵的女孩）。她自己乖乖的，觉得很不自在。我坐在她们之间，看着两个人的静默，很无奈。也不再说什么，我开始觉得自己犯了一个错误，不该让她俩再见面，也许这辈子她们都做不了朋友。

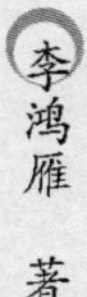

“来来来，我给三位介绍一下，这位就是你们 L 城的同乡，他叫寒皓。”飏从远处走来，给我们做着介绍，打破了这一僵局。

“什么？你说他叫什么？”我和纪雯异口同声，站起身来，惊讶地问。

“寒皓——怎么——”

“寒皓?!”我俩惊疑地走到他跟前,仔细一看,抱着寒皓惊叫起来,“怎么会是你?你怎么会在这里?你……”我俩接连不断的问题问得寒皓不知如何回答,我俩的热情让他受不了,直往后退。这真是令人高兴令人激动的时刻,怎么也不会想到他会来 B 城,更想不到竟然会在这里遇见他。

“来——坐下慢慢聊——”飚在旁边叫道,“原来你们都认识啊!怎么感谢我呢?”他很骄傲地陈述着自己的“伟大”,可我们却顾不上理会他。这让他显得很尴尬,坐在沙发上一个人抽起烟来。倒是逗乐了木木,她一个劲儿地笑,飚显得更不自在,脸刷地一下全红了。

介绍大家认识后,我们坐在一起聊天、唱歌……木木还和寒皓挺谈得来的,我们还一个劲地开他俩的玩笑呢!

“唱首歌吧,樱子!我们好久没有见面,好久没有合作过了。”寒皓红着脸邀请我。

“好啊,你去点吧!我配合你。”

“好!合作愉快。”

“OK!”我们的手紧紧握在一起,让我感觉到了过去的温暖,同时,他已变粗糙的手又带给我一些陌生感。不禁问他:“你在做什么?”他会意,看看自己的手,笑了,“也没做什么,劳动人民嘛,劳动最光荣!”我们都开心地笑,他的幽默、他的笑容又让我找到了学生时代的影子。不过仅是些影子而已。

我们唱的那首歌赢得了许多掌声,看到有人送花给我,他竖起大拇指。

“这是职业需要！每天都会在 pub 弹唱，练出来的水平。”我解释道。

“你在 pub 弹唱？不会吧！你怎么会去那种地方？他们不是说你在上学吗？怎么——”听到我在 pub 弹唱，寒皓立刻着急起来，显得很不高兴。

“你想得太坏了，我的大哥。我白天混进木木他们学校，地下党似的上学，晚上在她哥哥的 pub 里工作。”

“上学就上学，干吗‘地下党’似的？干吗还要晚上出去在 pub 工作？那样对你没有好处。”他说起话来很严肃认真。

“喂！你动动脑子好不好，我是一个人来到这儿的，没有学历、文凭就找不到工作，只有高中毕业证在当今社会能有多大用处？没有工作没有钱，我吃什么，喝什么，住哪里？难道还要像初来时住地铁站卖唱、受冻吗？为了让生活充实，为了让自己活得更有价值，我要上学。苦读 12 年的我是考上大学的，所以我有资格在大学校园里徘徊。可是，我却放弃了，现在才过着这非人的生活……”说着说着，我哽住了。

“谁让你放弃的？考上了都不上，哪有你这么傻的人？我以为离家出走和你考学有关，可这——这就让我不明白了。”

“放弃是个错误，不是我傻。事到如今，回过头来看看走过的路，觉得其实放弃也是一种美。”

“美在哪里？我倒觉得你吃尽了苦头。”

“这你就不懂了。美恰恰就在这苦中。不经历这么多哪里会明白这么多？哪里会长大呢？什么‘珍惜’、‘想念’、‘忍耐’、‘奋斗’……不都是在苦、累、痛之中领悟到的吗？”

在座的几位听了这番话都会意地点点头，静静坐着，一杯杯地喝着酒。许久，寒皓问我："樱子，你以前很不错，在各个方面都非常优秀，可是现在不一样，变化太大了，我觉得你显得很失落，似乎对什么都已绝望，能告诉我这是为什么吗？"

"人生本来就包括两个部分：过去的是一个梦，未来的是一个希望。而至于'失落'，只不过是一个小插曲而已。或者，你可以把它看做一个点，一个转折点，但千万不要把它看做终点。所以说，'失落'也是我在人生中的一个转折点，而'变化'就是这个过程。我对什么都还没绝望，只是有些失望而已，因为伤心的事太多，理由太多，一言难尽。"

"一千个伤心的理由？"寒皓笑了，"你还记得我曾经唱这首歌吗？还把你给唱哭了。现在还想听吗？"

"想。你唱吧。"我又喝了一杯酒。今天不知怎么了，酒喝的多，却没有一点儿上头的感觉。真是"酒逢知己千杯少"啊！

寒皓唱得非常认真，非常投入，我们也随着这古老而熟悉的旋律哼唱着。泪水在眼眶里打着转，我知道我又要哭了。可是却一直在微笑，努力不让泪流下来。

曲罢，寒皓看着我，俏皮地问："你今天怎么一直在笑，怎么不哭？假装正经，假装坚强！"我就打他，追得他到处乱藏，躲在飚的身后说要投降，那副假装可怜的样儿逗得大伙儿哈哈大笑。纪雯说："寒皓，其实你非常适合做演员，干脆明儿起我带你去学表演，挖掘挖掘你的潜力，待到你有出头之日，也好抬举抬举我们嘛！"

寒皓也在笑，他笑起来眼睛都眯成了缝。有人说他长有一双死鱼眼睛，无神无光，可我倒觉得蛮可爱的。

“今天很开心啊！”感叹。

“有理由吗？”寒皓问。

“开心也得要理由吗？这是什么逻辑嘛！”飏白了寒皓一眼，他说寒皓大脑有问题，总是这么不合乎逻辑。用寒皓的话说是小脑不健全，连这起码的因果联系的能力都没有……两人为此展开了一场辩论赛，惹得我们这些旁观者哈哈大笑。

“停——让我给你们一个理由吧！”木木很自信地说，“假设：生活中有一千个伤心的理由，就有第一千零一个让我们微笑的理由。证明：一千个伤心抵消一千份快乐，让唯一一份快乐伴你走过痛苦、失落。结果：努力一万分才会知道成功的意义，努力十万分、苦思冥想十万分才知道微笑的真谛——面对一切困苦艰难，心如止水，坦然以对。”

“好——”我不禁叫出声来，“这个证明题实在是妙。金口难开，一开则一鸣惊人！”

正在我们乐的时候，我听见寒皓对飏说：“上学的和不上学的就是有差距，这段距离落得很远，我们无法追随，更谈不上并行。”

我的心猛然一震。

“有你们这些朋友我太开心了。以前在我的身边没几个朋友，除了学习还是学习，认识你们我特别高兴。”木木还傻兮兮地说着笑着，为有朋友而庆幸着，她并没有听见寒皓刚才说的那番话。

“算了吧！我们不是朋友。”寒皓冷言冷语。

木木怔住了，“为什么不是朋友？”不解地问。

“因为我们是不同世界的人。你是一个学生，是个乖女孩，你不应该来这里，更不应该认识我们，和我们这些混饭吃的无业者做朋友。”

“寒皓说得对。你们凭的是脑子、学习、考试，而后由积蓄学历来决定各人的工作、生活。我们凭的是双手、力气、干活，听凭命运的安排：该活的活，该死的死。”

“飏，为什么要这么说呢？为什么你和寒皓都那么悲观呢？不能听天由命，要靠自己努力争取。”

“努力争取？闲的。只怪当时浪费的时间太多，没有好好珍惜，错过那么多学习的机会，一转眼长这么大了，现在只要有份能养活自己的固定点的工作就行，哪里还顾得上学习？学也没那机会，没那心思了。”说着，寒皓的泪落在了酒杯里，我听到了他心碎的声音……

这么说来，我倒想起了高中时，我的校长在一次会议中给我们的一句忠告：在人生的每一发展阶段，在该干什么的时候就一定要干什么，错过时机，损失严重！

的确。我的朋友深有体会，我也有。现在，我是在美丽的大学校园里行走，来回于教室、图书馆……对自身而言，把握住了充实自己的机会，可是在当今“适者生存”的社会中，我错过了证明自己的机会。曾经我考进重点，但那也只是“曾经”。因为我放弃了这一次的机会、资格、证明。后悔又有什么用呢？就只好继续着“地下党”似的提心吊胆，却又“冒死革命”的校园生活。尽管到最后一无所有，但也总算值得吧！

“你在干什么？”

突然，听到寒皓在喊。

“我也想和你们一样，我要快乐自由，我要朋友。宁愿放弃我的学习、我的乖，我也要证明给你们看，我们都一样，都是可以改变的，我们都还是同一世界的人。”说着，木木点了一支烟，抽起来。结果呛得直流泪，使劲地咳嗽。可还硬要重试一次，拒绝我们的阻拦。

啪！

我给她一记耳光，“你还想做什么？抽根烟就可以交到知心朋友？抽一根烟就可以改变自己？”

“可是——”

“没有可是。你给我记住，你是一个女孩，任何时候，任何场地都请自爱自重！”说完，我从她手中抢过烟，扔在地上，用脚狠命踩。

木木捂着脸冲了出去，我坐在沙发上，我确定，带木木来这里的确是一个错误！纪雯过来，坐在我身边，“别这么为难自己，来，张嘴。”说着，取了一颗葡萄喂给我。很甜。

“纪雯，对不起——”

“什么？”

“刚才关于烟的事，我——”

“哦——这个嘛！不用再提了。我和她是不同世界的人嘛！别对自己过不去，我都不在乎，你还在乎什么？再说，你也说得没错呀？女孩子出门在外本来就得注意着点儿，收敛些，不是吗？”说着，又喂给我一颗葡萄。我们都开心地笑了。这晚纪雯陪我回家，我们聊了一夜。

三十一

又过了一个月，纪雯带着寒皓来No.1 Pub 找我，客人不是很多，所以我陪他们聊天、喝酒。

寒皓坐在我对面，我们都聊得很高兴，他却不做声，一直盯着我看，让我觉得怪怪的。白他一眼，"你看什么啊！"

"我发现我又一次爱上你了。"一字一句真真切切、清清楚楚，说这话时他很认真。

"My God！你在做梦吗？这未免太直接、太突然了吧！"我笑着说着，开着玩笑。

"我说的是真的，我发现我又一次爱上你了！"他严肃认真。

我的脸一下羞红了。这简直太不可思议。"你做梦吧！我有恺旻，恺旻是我的 boyfriend，understand？"

"可是，还是爱上你了，要你做我的 girlfriend，OK？"

"不是不可能，是根本不可能！寒皓，我再说一遍，我有 boy friend，名叫恺旻。OK？"

"我知道。"

"那你神经有问题啊！"

"没有。我知道：伟大的爱情源自于撬板。"

我无言。转身走了。然后发短信给纪雯,告诉她我没事,只想一个人静一静,让他们玩得开心些。回到房子,蒙上被就开始睡觉。可是,哪里睡得着啊！我真的很想解脱。但世界太小,地球太圆,让人逃也逃不掉,再怎么加油逃却还是回到了起点。

再后来的日子里,我没有见过寒皓和飏,只是偶尔在电话里聊聊。其实还是不见面的好,这段时间留给他去思考,去好好地判断,确定自己的感情。他对我实在是太好了,我怕我一不小心会误入他的怀中。这段时间就让这份感情冻结,或许我们都会更清醒些。

我改变了来回的路线。

现在,我所经过的这条巷子并没有多宽,一侧是居住在这里的一些外地住户,还有一些 B 大租住房子的学生。巷子另一侧,从巷子口起就是一个很土的垃圾池,每天垃圾堆得满满的,溢出来的就沿着墙根堆了一小巷子, 废水横流路面, 每逢下雨或天太热的时候,呛得人直想呕。尽管每天早晨七点多钟就有工人来清理,可一到下午又一片狼藉。走这段路简直是在受刑。真想不通这里的人怎么生活？尽管如此,只要天气好,就可以看见好多人,他们扎成堆、有打麻将的,有打牌的,有打台球的,也有下棋的……男人们大声谈笑,女人们则坐在一旁小聊,或是不停地忙着手里的编织活,或是抱着孩子满地转悠。稍大点的孩子已不需要人管,他们三三两两凑在一起, 走起路来还跌跌撞撞的。他们就在这地上坐呀、趴呀……

“当今社会最重要的是什么？”老师提出这样一个问题。

“人才。”有人答。

"因素、条件能说出来吗？"老师又问。

"长相决定一切！"几个同学齐声而出，"哈哈——"引起哄堂大笑，老师很无奈地摇摇头。于是"长相决定一切"这句话成为校园内最流行的语言。

有一次胖姐就问我："像林枫这样的人你也看得上？我觉得他长得像个猴子，只是个儿高，很傻的。想不到你也会看得上。"

"长得像猴子？那又有什么，反正感觉上我喜欢。"我莫名其妙。

"哎哟！说得我浑身发抖。这都什么年代了，你还谈'感觉'？告诉你，有长相、有钱的就是爷。问你，林枫有什么？"她瞥了我一眼。

"他有什么？"是啊，这句话提醒了我。我对他有感觉，他又对我呢？且不论长相与金钱，他对我有感觉吗？我什么都不知道、不了解，还希望能与他走到一起，做梦！

"樱子，清醒点吧！现在谈'真心'的有几个？笑话！"说完，她拍拍我的肩，转身离去。突然间，我觉得很是沉重。"清醒"、"笑话"，到底谁该清醒，谁是笑料呢？怎么什么都反了？我只知道现在男生爱留长发，爱穿那些满是口袋的衣裤，而相反，女生爱留短发，爱穿简约的衣裤。怎么没听说思想都反了？真不知道这是时尚还是堕落？

长相算什么？钱又算什么？

这个月还不到发工资的时候，身上的钱已用得差不多了，拿出纸笔，算来算去，不禁皱起了眉，嘟起嘴："木木，还剩 5 元 2 角，你说这日子可怎么过呀？"

"瞧瞧我的计算结果吧，8 元 5 角，维持两天的饭没问题，可计划要买的书就成问题了。"木木也长叹着气，"下周一或者周二才能将生活费汇过来。你什么时候发工资呢？"

“发工资？比你迟一天。”

“那怎么办？干脆咱们去借点儿吧！饭钱可以省着用，也不那么急，可这买书的一百多怎么省现在也省不出来呀！”她很是惆怅。过了一会儿，眼睛里又有了一丝光，问我：“借可以吗？先借钱把资料书买来，你好好复习，过两天有了钱还他们就是了，怎么样？”

“借？”我皱了皱眉，很迟疑：“这也是个办法。可是，找谁去借呢？纪雯和她的姐妹们刚去了外地，没法联系。”

“那寒皓和飏呢？”

“他们也没多少钱，算了吧！这地方对他们来说也很陌生，咱们还是打消这念头吧！”

“那怎么办呢？我哥和诗杰也不在，过两天才能开完会回来。”

“攸攸呢？”

“算了吧！一个连买零食都杀价，计较得面红耳赤的人会借给你几分钱？”木木瞥了我一眼，“异想天开！”

“那就做着‘借’的梦吧！”我也白了她一眼。这丫头却趁我毫无防备，将我推倒在地，按住不放，挠我痒痒。我挣扎着，努力解脱，大声喊着：“童言无忌——童言无忌——”

终于，她放开手，也倒下来，就躺在我身边。我们躺在宽宽阔阔柔柔软软的绿色草坪上，看着湛蓝湛蓝的天空，在阳光的照射下，眯缝着眼，微笑着，感叹：“真美啊！”

“是啊！真美啊！”

“安徒生说：人生就如童话一般，我的人生就是个童话。”我很憧憬安徒生所说的童话人生、童话世界。

“得，得，得，什么‘童话人生’、‘童话世界’！简直是疯了。”木木嚷道。

“难道你不觉得这很美吗？”我问。

“觉得，这是很美。可人生呢？世界呢？”她起身坐着，用拳头狠狠地砸向草地：“现在这世界，真他妈是单色调，有钱走遍天下，没钱寸步难行！‘童话’？遥不可及。”

“喂！丫头，你也会骂人了呀！”

“那有什么？我这人很容易受到周围环境的影响。”

“嗯？这岂不是说是我害了你？可我从没给你带来什么负面影响呀？更没教你骂人。”我很是惊疑。

“上大学真好，能选择性地学习，能待在大图书馆里享受，能自由地过着校园生活，轻松自在。可是，却是独孤的。大家都各自忙着，为名利，为精神，为生活……这里是个小社会，有复杂的关系，或是人人形同陌路，或是你掏一颗真心给他，他反而用瓢冷水回敬……再也找不到像小学时代那样天真的玩伴了。”她叹着气，一转身，趴在草坪上，两手放在下巴下面，活像一只小猫咪，乖巧、恬静。

看她这样我无奈地笑，摇摇头问她：“木木，你什么时候才能长大呢？”

“我不要长大。烦。这些日子我都是浑浑噩噩的，成天碌碌无为，郁闷。吃不好，休息不好，记忆力都下降了！这可怎么办呢？现在又处在经济危机时期！唉——”

“樱子，你还与恺旻住吗？”

“不。他走了都近一个月了吧！不然我怎么会惆怅得日子都过不下去了呢？”

“他怎么走了？再来不来陪你？”

“公司忙得出奇,近来常常出差,谁知道什么时候能来!”

“那你打电话,或发邮件告诉他现状,让他汇钱过来呗!”

“拜托,是人类就动动脑嘛!出差各地能打得通电话吗?他这人最怕麻烦事。再说,就是汇款,不还是下周到吗?”我拍拍她的肩。

“噢!对——怎么忽略了这一细节!”她自己也笑,“我就不适合做个人。”

“恺旻就不像个护花使者。这个工作狂一旦忙起来就疯了……”

“妈——天下乌鸦一般黑!”她大叫。

我只是笑笑,出神地望着不远处那条小路,还不时四下里望望,目光像是在找寻着什么、期盼着什么。

“喂——”木木用手指在我眼前来回晃动,“你在找什么?看什么入神呢?”

回过神来,笑笑:“好久没见到他了——”舒口长气。

“谁?”她睁大眼睛。

“看看那条路,再看看路的走向?”我问。

“哦——”她笑得很诡秘,“是林枫对吗?事隔这么久,你还在想着他?”“林枫。”这个名字让我又来气,又感觉到亲切。

“嗯!”我点头。

“我是不是该说‘痴心女子负心汉’呢?”

“讨厌!怎么不说‘落花有意,流水无情’呢?”我白她一眼,“本来就是一场游戏一场梦而已!风过,为何梦不醒?”

“那是因为玩得太过认真!”

“玩得太过认真?喂!你什么意思嘛!人家那叫感觉!‘感觉’,OK?”

“OK!‘感觉’也不是绝对的,也会乱哦!”她还朝我做鬼脸。

“幸灾乐祸。”

“那你有本事凭‘感觉’借点钱用呀！这是个很实际的问题吧！”她洋洋得意。

“我——”还没等我把话说完，突然，一双大手从后边伸过来，蒙住我的眼睛。“谁？”我慌了手脚。

“哈……”

笑声过后，一个胖大的身影出现在我们面前，“怎么？谈论什么呢？被吓成这样子。”她两手一叉腰，一笑，露出几颗虎牙。帅帅曾说那些虎牙很是可爱，可我怎么不觉得呢？我倒觉得有些可怕。

“近来过得如何？”胖姐边问，边坐在对面。

“不好。”木木答。

“怎么，缺钱花？”

“这倒是实话。有援助的兴趣吗？”我问。

“援助？做梦吧！本月开销极大，好不容易省了点零头还凑去买那个什么大赛的书本资料了。”

“你们也参加这次大赛？”木木很是吃惊。

“谁知道。跟着大家走嘛！报的多了就凑个份儿试试呗！唉！害得我没有了饭钱。不过没关系，林枫已经答应请我去 KFC。”她笑得更是灿烂，两眼眯成缝。

“你说什么？”木木的眼珠子都快蹦出来了，“林枫请你去 KFC？”

“那当然。”她扬扬眉，“我还不想去呢！他硬是要请我，我说干脆将其折为现金算了。”

“既然不想去那就不要去了呗！还能不好拒绝？换我们樱子再

度登场，续续旧情。要么就把折来的现金借我们用用呗！”

胖姐没什么可说的，坐了一会儿，才开口：“续吧续吧！怕是林枫他也懒得去。”她起身，“我还有事，先走了。Bye！”她的脸上分明写着不高兴。“她这是怎么了，难道她也……也喜欢上了林枫？”木木问我。我哪里晓得？

看着她远去，木木禁不住大笑起来。

“你乱七八糟地都说了些什么？”我怪她。

“机不可失，时不再来！”她笑道。

“你葫芦里卖的什么药？”

“快打电话给他，去 KFC 续续旧情，还能借点儿钱回来，完后再还给他就行了呗！说不定又会撞出爱情的火花！”

“胡闹！”

“没有爱情火花，那就友情火花吧！这总可以了吧！反正你这些天来也总是朝思暮想的。”

“朝思暮想”？这词听起来——不过也真是这么回事。这些天来，我的确一直在想着林枫，着了魔似的想念他。

“不行。”我还是很果断地回答。

“难道没有‘破镜重圆’这一说吗？”

“破镜重圆？”我无奈地笑，“你认为这样还会完美吗？能消除那些裂痕吗？”

“噢！裂痕怕是消不去，但何必强求‘完美’呢？若要感情得到升华，那不就可以磨合、抵消吗？”她满口是大道理。

“木木，话可以这么说，但事未必这么做。我和他已经错过了一段感情。尽管彼此都在极力去化解所剩的愧欠与尴尬，却又碍于情面，都装做互不相识，当做什么事都没发生……愈是这样愈是害怕对方，愈是产生矛盾……我们之间的那段情在逐渐恶化，而并非升华，也不可能升华。知道吗？距离太远了！”

“这都怪你！”她白了我一眼，“当初不是好好的吗？莫名其妙的就和他散了，人家都没说你什么，反而主动向你打招呼，找你搭话，可你呢？”她提高嗓音，两只眼睛死死瞪着我。

“姐妹，应该理解我嘛！你也知道我是死要面子的狮子座人嘛！”

“理解？你不是不理人家，就是出口伤到人家，你怎么不留点面子给他？人家是男性耶！谈面子比你要重要，可你没有给他台阶可下！我都难以理解，更别说他了。好歹也是学校有头有脸的人物，被你这么活折腾啊！”她狠狠地将我推倒在地，“活该你见不到他！活该你们现在形同陌路！受罪！让你继续受罪！”她打我，把我按在地上给我拳头、巴掌。

“姐妹，手下留情！我告饶还不行吗？”我翻着眼睛大喊，“放下我！我有我的理由嘛！”

“那你说吧！”

“我并不是有心去伤他，我在和他赌气，在和我自己赌气！”突然觉得眼眶湿润了。

“那你应该向他讲清楚，不然会有更多更深的误会。”她扶起我，我们就那么并肩坐着。

“有些事是讲不清楚的。就这么过吧！爱误会就误会去吧！我太累了，已经没有精力去顾及这些。早说过我和林枫始终不是一条路上的人，没有‘长久’可谈。”

“那就忘了吧！可是，要忘记一个人很难，或许要用一辈子，或许一辈子也无法忘却。为爱要付出相当大的代价。”

“是啊！我想我这辈子是忘不了他了。”

“那是没诚心想着忘记。”

“怎么说呢？现在对他没有至深的爱，但那种感觉很难说清。总之，能否走到一起不是我所关注的，而我更关注的是能否见到他。”

“那又怎么解释？”

“反正，现在见不到他，心里头就总觉得空荡荡的，缺了些什么似的，隐隐不安。”说着，我便嘟起嘴，双手环抱住腿，用蜷起的双膝托着下巴，想起了校门外的2路公共汽车。记得上次搭乘这辆车时巧遇林枫。车上人很多，密密扎扎的，连个站脚的地儿都很难挪出，车内空气闷得让人难受，我皱着眉，站在刚进门的窗边，拎着沉甸甸的东西，胳膊有些酸痛，想起了爸爸的小轿车，好想哭。林枫从后面跟上来，他和一个男孩在说话，也在抱怨车上的拥挤和闷。再没法儿向里挪了，于是他就站在我身后。车子启动，路并不平，我们的身子随着车子的摆动而摇晃着，时不时我们的背会碰在一起，尽管我努力远离，但是空间有限。当时，我就觉得血管膨胀得厉害，全身的血液都冲到了头顶，涨红了我的脸。我的心扑通、扑通直跳，那是怎样的一种感觉啊！是欣喜？感动？无奈？紧张？羞怯？……真的很难说出来，真可谓是“百感交集”。就这么背靠背站着、摇晃着……他的个子在我身后显得格外地高。我的脸上撒满了微笑的种子，无论怎么抑制，终究还是让它们笑开了花。幸运的是他看不到。

现在，我还能记得他的微笑、他的声音、他的气息、他的肩膀、他的双手、他的怀抱、他的心跳、他的吻！依旧清晰地记得！身上也还是有些余温，心中也还是有些温存。尽管现在想起这些，心会随之隐隐作痛，但是我不能否认这些记忆和曾经拥有的感动。

想着想着，目光便又移向他必经的那条小路。

“你啊！让我怎么说你呢？真正见到他时，反而是一副若无其事的样子，看都不看他一眼。以前你还可以大胆地走到他跟前，交给他你爱慕他的信件，也成功了。可是，现在你——其实，还是可以大胆正视他嘛！告诉他你现在的感觉。哪怕是说‘做朋友’三个字，不行吗？”

“做不到。木木，我真的做不到！你知道那需要多大的勇气吗？”

“的确。”扑哧一声，她笑了起来。

“怎么了？”我很惊异。

“说起勇气，我突然想到你给林枫写信的那次。还记得吗？那个周五，我俩专程去Q大，站在他的公寓下边，你紧张得要死，脸红得像个大苹果，一直徘徊不前。磨蹭了好长时间，才终于大着胆子上楼梯，到门口了却又不敢去敲门。脸红且不论，两条腿还直抖。”说着，她笑得更是厉害，“好在……好在你的决心让你敲开了他的门，真不知道你鼓足了多大的勇气，信的确是亲自交到他手中的。实在是令人佩服！佩服！”

“别再取笑我了。说真的，我自己都不知道会紧张到两腿发软，抖个不停。也更没有想到会有那么大的勇气！”看看远方的天，我接着说：“木木，现在我再也不可能找回那份勇气了。很累。”

“是有勇气做而没勇气去面对！”木木说着，用手拍打着我的手心，发出清清脆脆的响声，她得意地笑着，说：“那次送信不就是个例子吗？你将信交到他手中后，头也不抬，转身就跑，那速度……倒留下我在他身旁，看着他一脸茫然的傻样儿！当时，他手里还握着一把笤帚呢！可怎么看他也不像是干活的料。脸上还竖着一条创可贴呢！不知道发生什么事了，会让他这样。”

“是吗？我倒没注意到这些。”

“当然。你只顾得逃。能注意得到那可就怪了。”

“那倒也是。”说着，便舒口气，不知不觉脸上又泛起红来。

“怎么一提林枫你就成这样儿啦？”木木颇为惊奇，看着我问。

“不知道！不由自主。”连我自己都挺纳闷。

“还有这么怪的事儿！那以后你们还怎么做朋友嘛！”木木觉得很不可思议，“那以后你们一见面，一聊天，都红着个脸，让我想想那是怎样一个情形？嘻……不过那也倒是蛮有意思的。”她拍着手笑，“正所谓‘白里透红，与众——不同——’”她故意拖着长调。

我也禁不住为自己犯的傻事儿而大笑起来。可一想到“朋友”二字，想到我和林枫现如今的局面，我对木木说：“曾在一本书中读到过一句话，‘友情可以升华为爱情，而爱情却从不回归为友情。’这不，在我和林枫之间也得到证实了呀！”

“可是，也有分手之后做朋友的人呀！”

“那当然会有，只不过是极少部分的人。”

“希望你和林枫也能在这极少部分人之中。”

“谢谢！So do I！”

相视一笑，我和木木的手紧紧握在一起。

“像 KFC 之类的地方长这么大我一次都没有去过。路过门口都没欲望。是我所赚的钱不够我消费一次吗？当然不是。我能买得起，却不愿去浪费我的劳动果实……倘若闲得无聊，我倒是愿意去图书馆消遣，要么买些零食去公园打发日子。”

“对。我也是这么想的。你是不愿浪费自己的劳动果实，而我是舍不得挥霍爸妈的血汗。我们都还算是有良知的。”她松口气，笑得很是幸福。

“人总是在失去之后才会心痛，才会想到珍惜拥有。可是，后悔却来不及了。我们现在学会的不仅仅是计划经济，注重饮食、健康，更重要的是学会如何生活，这不会吃亏的。虽然别人在透亮宽敞的落地窗前优雅地吃着西餐，品着咖啡，我们却在路边的小吃摊上焦急地等着烤饼夹菜，喝着清茶；别人两手空空，翘着腿安然地坐着taxi，我们却大包小包，匆匆忙忙地赶挤公车……忙！累！但是我们比他们更能体会生活、理解生活。所以，我们比他们真实、充实，比他们更会懂得生活。”

木木点点头。

旁边还有几个人在谈天，听我这么一说，还凑在一起对我们指指点点，还时不时投来嘲讽的目光，而后起身离我们远去……木木说这让她心酸。

“习惯成自然吧！丫头！”我笑笑，“凡事心知肚明也就OK吧！多想会累死人的。别再自己给自己找麻烦了，不值！”我起身，拍拍屁股上的土。

“可是——”

“行了，别‘可是’了，走，去吃点东西吧！”说着，我便伸手拉起她：“我肚子饿得直叫唤呢！”

“这么一说，我也觉得好饿。走吧！可别亏待自己！车到山前必有路，走一步算一步！”

“就是就是，我也不参加什么‘赛’了，没意思。在No.1也不错，我知足。走一步是一步吧！任何时候都不能亏待自己！”

两人拉起手，朝小路奔去。太阳也灿烂地笑红了半边天，用它暖暖柔柔的光抚着我们的笑脸，将我们的身影拉得很长……

生活是美好的，给人教诲，能给人以希望。但有时，生活也是对人的一种摧残！用我的几句话并非完全能诠释生活，因为毕竟只是个孩子的体会，不深。但至少我所经历的一切让我明白了一些。

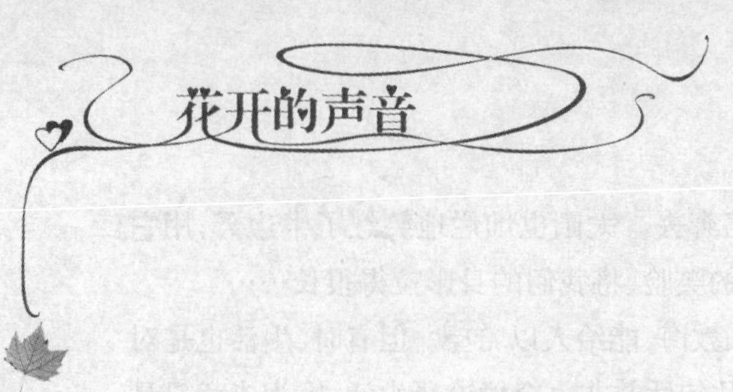

三十二

后来的这些日子过得很烦、很累。经济是个问题，感情也不例外，徘徊于三个男生之间，不知所措，放弃三个男生，又让我不舍，进退两难的境地让我心烦意乱。寒皓能给我很棒的爱，温柔体贴，勤劳能干，时时在我身边叮咛嘱咐。但是，他没有事做，整天逛来逛去，真担心他会有一天堕落。凯旻同样能给我很棒的爱，却并不是很关心我，有些细节方面常常粗心大意。但是他有稳定的工作，又是工作型的人，可忘我的那种境界很让我担心，怕有一天他会因工作而舍我远去。林枫与我距离近些，他是个优秀学生，我不怕我们没有共同语言，只是觉得与我相比，他较天真些，因为他没有我这么多的经历。再说，我还不能确定他对我的感觉。

他们身上各具优点，各显缺陷，又成互补，所以说我在他们之间很难做出选择。寒皓和林枫就如同两条平行线，从过去到现在以至于未来都没有交点，我们之间，永远只差那么一小步，就那么擦肩而过。

由于心中烦乱、迷茫，我喝了很多酒，越喝越烦乱，越烦乱越想喝。醉了，倒在我的小窝里，哭得一塌糊涂。我真的没有想到自己会因为一个“情”字而醉成这样，哭成这样。也许是因为亲情给我留下的隐患让我不敢再相信“真情”了吧！那就痛快哭一场吧，给痛苦一个倾泻的出口。古希腊有位诗人说：“我身上有无数个裂缝，到处在漏水。”虽然这些痛苦使躯体千疮百孔，却让灵魂得到了升华。不是吗？

但事实是我发现自己又一次地爱上了林枫，但是，他的爱是自私的，停留在他女友那里；我的心也是自私的，终是让我停留在恺旻的身边。我们一点一点地挪着脚步，一步一步地分开，又拉远了距离。我想这样或许会轻松些简单些。我是一个相信缘分的人，缘来，我们开心共度，缘尽人散。当然，会时不时地想起寒皓，我问木木，“开始是个错误吗？”她说：“有时爱的错误就在于一方太在乎，而另一方却不在乎！”我问帅帅：“寒皓在等我，我又在等恺旻，又在等待与林枫之间会有爱情奇迹，这算什么呢？”他说：“等待，是一种无法言说的美丽，就像是花的开放和凋零。”

是啊！多么婉转的回答，却含深意。的确，没有什么可以成为束缚自由的理由，即便是爱。

再后来的日子我努力让自己忙碌，忙得不可开交。竭力让自己忘掉和林枫的故事，上班、学习、创作、购物……时间挤得满满的，不留给记忆一点点逗留的时间。

由于这些日子的劳累，我已没有听讲的精力。趴在最后一排的桌子上，看着身边的同学奋笔疾书，我却丝毫用不上心，讲台上讲师滔滔不绝，平日里他口中那些枯燥的东西今天竟成为一首催眠曲，听着……听着……我的眼前越来越模糊……竟然睡着了。

一觉醒来已是中午放学，在这一页的笔记本上大大写下“空

白”两个字。

收拾起书本，抱在怀中，走出教室，拉上门。

回到小窝，我没有食欲，打开电脑浏览。今天是十九号，已经很久没有上过网，现在看那些头像都觉得有些陌生，于是重新调整一番。我把那些不熟悉的、不必要的网友统统删掉。终于在“我的思念团”里看到了林枫，打开对话记录看看，一片空白。很早以前我就想把他删掉，那时我不想留下任何与他有关的记忆。如今才知道，现在看来还是不想把他从心中彻底删掉！他也不在线。反反复复地想，还是留了祝福给他，信息发出后手指便僵硬，双眼便模糊了。我不知道这突然的祝福会带给他什么，更不知道他会怎么对我。我想知道，很想知道。但希望极其渺茫。现在，我甚至都不知道他在哪里？不知道他在做什么！那些似曾丢失的记忆又被我一点一滴地捡了回来，捡了丢，丢了再捡……周而复始……眼前忽地又出现林枫高高傻傻、乖乖坏坏的模样，还有他的笑。

“又在做梦了！”我自言自语，摇头叹气，“爱，真是奇怪的东西！”

天空是灰色的，远处的高层是灰色的，心也是灰色的，置身于其中，我也是灰色的……渐近黄昏，眼前的一切越发模糊不清，可我却还睁大眼睛，努力寻找、发现那个我再熟悉不过的高大身影，可哪里找得到啊！在纷乱的人群里来来回回地看啊！我的眼睛酸痛。忽地迎面刮来一阵冷风，夹杂着沙尘，土腥腥的味道呛得我忍不住咳嗽起来，沙尘刮进我眼睛里，用手去揉，才发现自己原来在默默地流泪。禁不住唱起一首很老的歌：

你是我最痛苦的选择，为何你从不放弃漂泊，海对你是那么难分难舍，你总是带回满口袋的沙给我；难得来看我，却又离开我，让那手中的沙像泪水般地流……

恺旻，你听得到我的心声吗？走了这么久，你过得如何呢？为了你的理想你终究离开了我，离开家乡去异地闯荡，你怎么忍心？你怎么舍得我难过？我的泪你看不到，我的心伤你更体会不到。走吧！我们都要学会自己长大，反正我早已遍体鳞伤，早已麻木，这日子还是可以继续挣扎着过下去。我留不住他，也无力再留。我只想唱歌：

风吹来的沙落在悲伤的眼中，谁都知道我在想你，风吹来的沙冥冥在哭泣，难道早就预言了分离……

唱着唱着，心就又移到林枫身上，其实早已在每时每刻地想他，只是从前没有意识到。现在的我有种说不出的感觉，来来回回徘徊于两份情中，乱得让我不知所措，乱得让我措手不及。我闭上眼睛，努力求得一份心的平静。反反复复地想，反反复复地比。不，比不出来。恺旻和林枫根本不能相提并论。他们是两个独立体，有自身的优缺点。才发现自己犯了一个错误，为什么当初说林枫是恺旻的影子？为什么？林枫就是林枫，不会替代谁，恺旻就是恺旻，也终不会被谁所替代！

是啊！我是想念林枫的。

真的好想念林枫。

今天我没有食欲，只是和木木喝酒，一直喝，越是喝却越是想念，连自己都没有想到竟然会拨通他的电话。说了些什么我已记不太清，但是我可以清楚地记得他挂断了电话……

我真的无言了。

坐在路边的台子上，先是看着阴沉沉的天空发呆，后来就哭得一塌糊涂。实在是用情太深，却又低估了酒精的作用。我想这次真的是我错了，错过了这段情！

接下来的几天里我没有再见到他。我不知道他在哪里？不知道他在干什么？不知道他因什么原因而不出现？就像是消失了，毫无音讯。是我的大胆、直白吓着他了？或者是他在逃避，不愿兑现？或者……不知道，不知道！乱了，乱了！心好烦乱！可我真的好想知道。我在日记里写道：

林枫，对不起！不要再这样继续躲下去了，好吗？这样，让我又多添加了些愧疚给自己。你可以躲开我，可以放弃感情，却千万不要不去学校，在外头耗费你的时间，不应该！你应该有一个很好的前程，而不是像我这样到处混日子过，像我这样充实自己、维持生活，真的好累，这不是你该走的路。如果是我扰乱了你的生活，那我深表歉意，你告诉我真相，我会选择离开，选择像过去一样远远地看着你，会为你的快乐而快乐，为你的忧伤而掉泪……不过真心希望你会过得好些，因为你的幸福才是我的快乐！即使我会痛，会有伤……我想，也应该是无悔的、值得的！

“林枫——”

我一遍遍呼喊着他的名字，一次又一次地在梦醒后抹着眼泪。

“还可以再重来吗？可以重新开始吗？”我掉着泪，一遍又一遍地问木木。

“或许还可以。”

“那怎么办？”

“忍！忍不住就直接走过去告诉他。”

“那怎么可以？”

“我确信他对你还是有感觉的，只是不愿说出来而已。”

“确定？”

“那当然。我看得出他还对你存有爱。在这点上，你要比我欣慰得多。”说着，她的眼睛里闪烁着泪光。

我知道她爱上了校队的慕飞，那个瘦高个儿的男生，风趣幽默、聪明调皮，我问木木：“真的确定了这段情？”

她点点头，目光呆呆的。过了一会儿才慢吞吞地对我说：“他和H女生在一起，和H女生很投机。他和H女生说笑打闹好不开心……”说着就忍不住泪流满面，“而我呢？算什么？我买给他的生日礼物是他所想要的那副耳麦，每次面对面我就会给他一个微笑，他踢球我会坐在远处静静地看，为他加油！他受伤我为他心疼，看不见他我为他而着急……可是——可是为什么他从不正视我，看都不看我一眼？这样冷漠地对我，我还不死心，还是每天站在十字路口，等他乘着那辆3路公车路过，能看他一眼也就够了——”

听她这么一说，我也被感动得流泪，握住她冰冷的颤抖的手说：“彼此彼此！我也听说林枫对外校的girlfriend顶好，他们在一起的时间也长。我也常看见他骑单车，载着一个女孩从我身边经过……我能体会得到你的心，跟你一样，只要站在十字路口，远远的、静静的，看他一眼也就够了，这足以让我幸福！”

“这算自作多情吗？”木木问我。

“不算！这是执著！”我肯定地回答。

“执著？”她忽地笑了，“他们才不这么想呢！”

“那你打算怎么办？”我问。

“不知道。”她摇摇头，那么茫然，那么无助。顿了顿，皱皱眉，问我：“你呢？”

“我？等呗！一直等到他回心转意。”

“真的？”

“嗯。”

“那恺旻呢？”

“不知道。”

“两个都要？”

“不！只要一个。应该是林枫。”

“不会吧！你和恺旻这么多年就这么算了？”

“嗯。或许吧！别再问了，我都乱得一塌糊涂。”我望望天空，叹口气，“该是去认认真真爱哪一个？又该去忍痛狠心放弃哪一个？”

“难啊！”

“难啊。”

牵着手，慢慢走，昏昏暗暗的路灯，灰灰白白的路，今晚，一切都变得如此沉重。

总之，感觉到的是一种孤寂、一种茫然、一种压抑……

“我爱听莫文蔚的《他不爱我》。”木木说。

“我喜欢那首《阴天》，还有《爱》。”

“嗯！都挺适合我的。”木木点点头。

“你近来怎么了，木木？像变了个人似的。”

“怎么？”

“成天魂不守舍。”

“是吗？”

“嗯！那天与你在 No.1 聊，看你疯狂喝酒的样子，还有你的眼神，怎么就那么疲惫？还显出些颓废。这不是你原有的性格。”

听我说完，她呆呆地望着什么，认真地思考着什么，不紧不慢是她惯有的作风。

“木木，我喜欢原来的你，喜欢你的乖乖傻傻、单纯可爱，喜欢你的无忧无虑。可是……”

“现在找不到了吧！人总是要变的嘛！”

“可你变得……哎呀！说不清楚。”

“我的心！我的心交给他，被他带走了，他若不在我视线，我就很是不安！”

“天啊！这是你说的话吗？”我无奈。

她却只是点点头。

“妈呀！真是见了鬼，着了魔！”我自言自语，拉起她的手，向我的小屋走去。一路上无语，那个小黑巷子显得格外静，格外长。

“哈哈哈！”木木突然大笑起来，吓我一跳，让我莫名其妙。

“樱子，还记得以前小倩讲给我们的一个笑话吗？”她问我，脸涨得红红的。

“小倩讲的笑话？怕是记不太清了，哪一个？”

“就是关于那个黑巷子的，记得不？”

“黑巷子？”我在脑海里拼命地搜寻着，终究是让我找到了，“记起来了，记起来了，就是说在一个夜深人静的晚上，小黑巷子里只有你一个人在走，特黑、特恐怖的夜和黑巷子……忽然，发现有人在跟踪你，一直在跟，越跟越紧……这时，你该怎么办？”我问。

“怎么办？”木木问。

而后我俩同时转身向后，异口同声地说：“对着他大吼：‘大河向东流哇，天上的星星参北斗哇！嘿嘿嘿嘿参北斗哇！’”而后两人相视，忍不住大笑起来。那时身后若真要有人，怕真是被我们吓着了，准保骂我俩神经病！

笑啊！笑啊！可我分明看得出木木眼中闪烁的泪。我知道她太委屈太倔强，让自己如今成这个样子。

“樱子，现如今我在他的心中仍是个小孩子，没有大脑、没有思想的傻兮兮的孩子。而足球才是他最重要的，怕是没有什么可以再做代替！你说我该怎么办？他体会不到我的这份真情，可却让我独自备受煎熬，我忍！我忍得心痛，忍得近乎窒息。”说着，泪水大颗大颗地滑落，她却依然不哭，镇定的神情让我觉得她本人与她脸上的泪毫无瓜葛。

“前几秒还乐成花儿，这会儿又成这副模样！唉——你说怎么办？我们都是站在岸上的鱼啊！忘不了曾经活在水里的日子，却又眼睁睁看着水欢愉，无法动身再投向水的怀里……他们怕是永远都看不到、感觉不到小鱼儿为他们付出的真心、流的泪……唉——”我叹口长气，望着天空的空寂，“木木，我想是该表白的时候了。”

“什么？”她才回过神来，问我。

“我说，是该澄清事实的时候了。”她眨巴着眼睛，摇摇头。

“怎么？放弃？”

“不。我要等！我一定要等！哪怕时间漫长，也得等！”她很坚决。

“哼——”我不禁笑起来，“你未免太天真了吧！等？你疯了吗？爱情是争取来的，是真心所得，等？做梦！”

“是梦也得梦着！疯了也还是得等！我不能冲动，冲动会让我连这份友情都出现裂缝！樱子，冲动是魔鬼！”

想想她的话，也不是没有道理，好一个“冲动是魔鬼”！

“那就等吧！人与人爱的方式不同嘛！但我和你不同，我忍不住，就得说白了、讲明了，心里才会踏实。要让我像你这么吊着等，那除非让我死！”

“你我性格不同。”

“对！”

“可再怎么我自己也会乱了感觉，你知道怎么办吗？”

“不知道。”我摇着头。

“我不像你们。你们或许会大哭一场，或许听呀唱呀跳舞什么的，也或许借酒消愁，也或许……反正，解脱的方式不少，可谁会像我这样。”说着，她便卷起左袖子，伸过左臂让我看。

“啊——”我尖叫一声，心猛然一震，“你有病啊！怎么会这样？真疯了吗？”我对她大吼，像只发了疯的狮子，真想给她一个巴掌！可抓着她的双手一直在颤抖，心也在因疼痛而颤抖！

我想你们也无法想象一根一根的针扎在肉里，在肉里氧化……那种痛感！自个儿亲手去一针针地扎呀，亲手忍着痛去拔出来……真的，我不知道如何用言语、用我的笔墨去形容这一切！

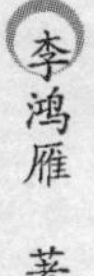

“你到底想干什么？木木。”我为她而落泪。转过脸，不再看她。不忍心再看那张还很天真无邪、纯纯傻傻的脸，因为已经罩上一层极不适合她的憔悴与伤悲，唯独那双眼睛还有些生机，因为从中我看到了一份坚强！

“樱子，我也痛！揪心的痛！可是我想他，爱他！知道吗？我疯狂地想他、爱他，无法自拔，可是为了克制自己，不让自己冲动，我别无选择！你应该理解我。”

我仍默不作声。取出啤酒，一个人猛喝。她也进屋，打了一瓶，出来站在我身边，自己喝着。此时，空气像是凝固了。边喝着酒，边仰视黑黑的夜空，黑得空洞。我们都趴在平台周边的围杆上，静静地——

好久。

风吹过来，撩起衣角，好冷啊！可我俩仍无动于衷，真好像被僵住了。不过也差不多，都被塑在了乱七八糟的心绪里，凝在了情感中！

“木木，去表白吧！你太辛苦，这么无休止地折磨着自己，让我痛心，知道吗？”我打破了这个僵局。

“不行。”她坚决地摇着头，“樱子，我真不能说明白。慕飞和别人不同！尽管他和林枫同属相，同为白羊座，可是他们除家境相似外，其余根本不同，而且有很大的差别。”

“怎么？无非是活泼调皮些嘛！有些显得傻兮兮，跟你差不多。”

“慕飞是深受家庭影响的人。他把自己身上的阳光与快乐统统积压起来，或许多多少少地丢弃了一些，反而去捡拾些古里古怪、极端个性的东西套在自己身上，很不符合他。到底他是全然不知呢，还是故作镇定？不知道。也没法儿知道。”说着，她又禁不住落了泪，仍然呆呆的一副模样。

“人的性格是环境造就的。这么说来，应该去理解他。难怪他成现在这样，其实我的死党也都是单亲，家中或多或少有这样那样的意外和变迁。我难过，但不愿去可怜、同情他们，反而是尊敬和关心，还有最重要的——理解！毕竟，与众不同的是他们的坚强，他们撑得住这种痛！”

“嗯！正因为如此，所以我决定要给他全部的爱！但这份爱是要等的，是很辛苦。我一定要保证我作为女孩子的那份骄傲与高洁。”

“是啊，你说得好，木木。对你，或许这才是最好的方式。你总是很理智地处理事情，这是我一直以来所欣赏你的，我还记得莎士比亚说过：‘倘若没有理智，感情就会把我们弄得精疲力竭，正是为了制止感情的荒唐，所以才需要理智。’”

“对！就是这样。你‘攻’我‘守’”。

“我攻你守？”

“对啊！”

“不行不行，绝对不行啊！”我一口否定，“我和林枫都是在爱中受过伤害的人，绝不能再去‘攻’，我怕！若再受一次伤，真是活不下去了。现在都让人痛不欲生，那之后呢？真不敢去想。”

木木讲得还蛮在理：“正因为有爱还在，受过伤害，所以现在才有如此僵局。真的，他喜欢你。相信我吧，樱子，他还是喜欢你的。你们之间还是有爱存在的，他不可能那么潇洒。”

“真的吗？有爱就好。至少我知道没有了仇恨，可为什么现在……”

“原来的伤害让你们都怕了，不敢再去面对！”

“此言并非无理啊！”我笑了。木木也在笑。两人都在笑，不知道那是开心还是伤心，反正觉得枕头已湿。

爱了，恨了，散了，合了，不恨了，又爱了，又散了，又合了……周而复始……这究竟是什么理呢？乱了！乱了！乱了感觉，彻底乱了感觉！不仅仅是我深陷其中无法自拔，纠缠不清，木木也是，年轻的朋友又何尝不是呢？

灯光下，我和木木又唱起了那首中学时代总唱的歌《那些花儿》。

……

好想他啊！

三十三

实在是郁闷。拨电话给纪雯，她说在深圳忙，得一两个月才回来；拨电话给木木，她说开完会要参加一个什么考试，抽不开身；诗杰去长沙拍片演习，攸攸去提货。都忙！为什么只有我闲着？我又去了天涯海角，一个人去吹海风，听海浪，海天相映，这暗蓝暗蓝的颜色充满忧郁和孤独。我静下心来仔细想想，觉得很是辛苦，觉得我不该再待下去，真的已经受不了这样孤单的生活了，我想，我应该回家去。

办理好一切手续是两个星期之后。没有告诉任何人，我登上开往 L 城的火车。火车是凌晨四点出发的，那时还一片漆黑。再见了 B 大，再见了 No.1 Pub，再见了我的小屋，再见了大海，再见了 B 城，再见了我所有的朋友们。我又一次地选择逃避，虽然这不是最终最好的办法，但这也算是一种解脱，也是新的面对。我要回家，去面对这几年我所逃避、失去的一切，面对我的冲动，填补这些年来我所造成的空白。

第二天早上，天蒙蒙发亮时，火车到达 L 城。这是新的一天的开始，新一轮太阳的升起。我捋捋披散的长发，呼吸着 L 城这熟悉的空气，微笑着向家走去。行李不觉得沉重，反倒倍感轻松。映入眼帘的一切都那么亲切、熟悉。不过L城的变化也实在不小，怕是再过些年回来我都要迷失方向了，但无论怎么改变，回家的路还是依旧找得到的。

有时，最初的流浪只不过是浅尝一口，可是为了那一丝淡淡的芬芳，付出了汗水并经历了许多的艰辛与沧桑。

家门上的钥匙还挂在身边。轻轻地打开门，走进屋里，扑面的热气和香味那么温馨熟悉，家里很是安静。怪了，大清早的，没人在家吗？

“妈妈——妈妈——”

我喊了几声，没人应声，转转几个屋子，的确是没有人在，放下东西看看日历，四月三十日，星期五，怕是都去上班了。咦？今儿是恺旻的生日。洗洗澡，打扮打扮，觉得自己的“浪人”气息已消失，镜中又是过去的小可爱了。打电话给潇楠、敏、蕾馨、寒皓、敖翔他们，告诉他们我回来了。他们很是惊喜，还好，大家还都能聚在L城。

见面地点依旧未变，一大伙儿人凑在“藏酷”，提了好多酒、饮料、零食，这么多年，难得全聚啊！先是激动、拥抱、问候，接下来就得接受他们的批评了。

“好了好了，接受各位批评。我知错，不行吗？”我诚恳道歉，望朋友们能够谅解，“朋友们今儿是个特殊日，配合我行吗？”

“特殊日？今儿几号啊？”

“四月三十日，有什么特别的吗？”

“四月三十日！笨蛋们，恺旻的生日呀！”

“噢！对呀！”……

“还是潇楠记得清，怎么？张罗张罗呗！”我在征求大家意见：“你们有什么建议吗？”

“那快打电话呗，把恺旻叫来。”

“别那么急，蕾馨先别打电话，敖翔说得对，咱们还没有准备呀！”

“那好，可是你们说怎么办？”

“去买蛋糕，我帮你选样式，得是桃心的、紫色的、巧克力的……”

“行了，蕾馨，整天都在做梦！我们听听樱子的想法吧！”

听着他们你一言我一语，我又觉得回到了过去，相互间争来吵去，直率、天真，想法多得要命。那时，我最爱和蕾馨做白日梦。两人一起谈想法，尤其是对未来，特爱计划个 party 啊、旅行啊什么的。只可惜那时还太小，由于各种因素的限制，我们的计划实现得很少。没想到隔了这么多年，凑在一起又计划起来。

“樱子，笑什么呐！说说你的意思！”

“那好啊！嗯——”我清清嗓子，“听好噢！”

“洗耳恭听！”异口同声。我们都大笑起来。

“我想给他一个惊喜！”

“惊喜？”

“对。我今天来他不知道，我没告诉他，而且他也不打算过这个生日。”

“怎么让他惊喜？订桌饭菜，由我们叫他来，然后你突然出现？”

“寒皓，你说得差不多。不过不在酒店。”

“那去哪？”

“听我说完嘛，蕾馨！”

“好。”

“去他家。”

“什么？”大伙都瞪大了眼睛看着我。

“怎么,有问题吗？”

“疯了！你说去他家？”

“潇楠,这都什么年代了,你还那么封建,樱子去他家有什么惊奇的？”

“敖翔,不是我封建,那还得考虑恺旻他家人的想法,咱们只顾咱们的闹,想想清楚,是去他家闹！樱子这样,怕是过分了吧！”

“就是,潇楠说的也有道理。樱子你再考虑吧！别给大人们留下不好的印象,那样,对你没有好处。”

对,朋友们考虑得周全,说得都有理。其实,我也想过这一连串的问题,可是,我就想玩特别的,想把特别的爱给他,让他也过得很精彩。几杯酒下肚,理了理心绪,我做出决定：

“同志们,我已做出决定去他家,给他一个惊喜！”

“Really？”

“Yes！”

“干杯！”大家举杯欢饮。

从 pub 出来已是下午,大伙儿一起去精品店,买些万花筒,买些艺术蜡，还定做了一个大蛋糕……一切准备就绪已是近晚饭时间，给恺旻打电话，是关机，我鼓足勇气拨他家的电话“嘟——嘟——”怎么会没有人呢？我重拨了好几遍,还是没有人接。

“这回完了,白忙了大半天。”蕾馨叹着气,坐在路边的台阶上。

“再试试,这会儿该下班了。”寒皓又接着打。

“没人吧！”

“嗯！”

我没有失望，我就不信会没有办法。

“怎么办？樱子？”

“接着打。”

“没人呐。”

“打给他爸爸。”

“什么？”大家又一次被我惊呆了。

“打给他爸爸，说明我们的意思，而后继续实行计划，有问题吗？”

“有。”又是潇楠来阻止我，“这太不像话了吧！你怎么给他爸爸说？”

“实话实说。”

“你想，那可能吗？”

“当然。行不行，我总得试试看，他不会生气的。”

“你得想想清楚，樱子，他们大人的想法可与我们的不一样。”

“放心吧，潇楠。总得试试看嘛！”

说着，我就拨通了恺旻父亲的电话，随着嘟声，我的心也开始加速地跳，我知道我很紧张，紧张得不得了。大家都安静地看着我，我知道，大家也很紧张。

“喂——”

“您拨的电话暂时无法接通……”

我摇摇头，“无法接通。”

听我这么一说，大家也才松了一口气。

“怎么办？”寒皓问，“家里也还是没人接。”

“哎呀，樱子，都六点半了，这可怎么办？”

听寒皓、敖翔这么一说，我没有心灰意冷，反倒又有了一个果断的决定：“接着打。”

我们都坐在路边的台阶上，看着来来往往的车辆、人群，看着天色渐渐暗去，我们还在等待着奇迹。我们没有失望、没有灰心，我们相信上天总会是公平的、明智的，总会给付出真心的人美好的、希望的火种！

电话里信息呼叫，是恺旻发给我的，他说现在在回家的车上，大概一小时他就会回家看看爸爸妈妈，他问我吃饭了没有，今晚演唱什么？问我是不是很羡慕他要回家。

“傻瓜！”我禁不住笑骂他，回复的话是个美丽的谎言。我说我过得还好，今晚唱生日歌，我一点儿也不会羡慕他。

“你乐什么呢？”蕾馨问我。

“给恺旻发信息呢！他说一小时后就会回来。”

“家里还是没有人！”

“我再给他爸爸打打，试试？”

又一次拨通他爸的电话，这回是真的接通了。

“喂——”

“喂，你好。叔叔，我是雪樱。”

“噢！是你啊，有什么事吗？”

“叔叔，你不在家吗？”

“对，我在外面洗车呢！”

“叔叔，恺露也不在吗？”恺露是恺旻的妹妹，和我们这帮人很熟。

“对，她还在我这儿，你有什么事吗？”

“今天是恺旻的生日，我们想给他一个惊喜，去家里过。”

“哎呀！什么生日不生日，他都多大了！再不过了吧！”

“瞧您说的，再多大，这生日也得过呀！”

“哈哈哈……”

“叔叔，你们什么时候回来？”

“好，你们过来吧！我们也在回家的路上。”

“好的，谢谢您！”

挂了电话，我激动得收不住笑容，朋友们站起来一个个也跟着我一起乐呵！我们拎着好多东西，说说笑笑，向恺旻家走去，我就说过嘛，上天总会把机会留给有信心、有准备的人！

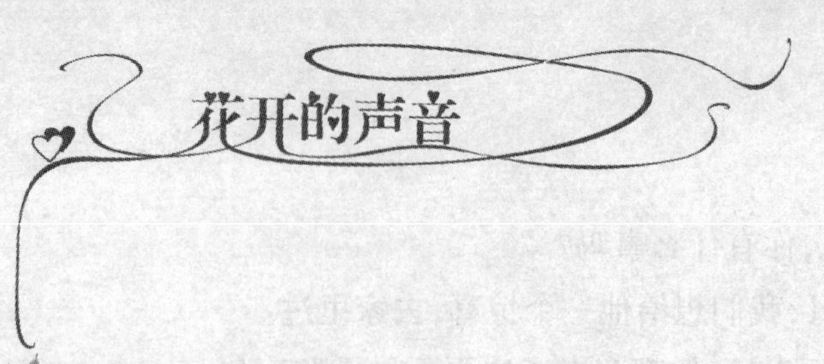

三十四

恺露打开房门,她和她的爸爸买了些吃的,父女俩又是倒茶又是开电视,特别热情地招呼我们,真让人怪怪的,本以为他是严肃的、超级厉害的那种类型,结果恰恰相反,他一直慈祥地笑,亲切地说话:

“你们先坐,我去倒水。”

“让我来吧,您坐,叔叔。”说着,我跟着恺露进了厨房。

“都坐坐,他妈妈在上班,恺露跟着我去洗车,所以家里没人,让你们等了好久啊!”

“那没什么,您近来忙吗?”

“也一般。”

听听吧!敖翔这小子就是嘴巴能,这不,和恺旻他爸爸聊上了吧!一屋子都是笑声。我则和恺露两个在厨房里找着乐子,边烧水边聊天。

“近来学习怎样?”

“还好。”

“在家还听话吗?”

“听话。”

简简单单地聊，她却一个劲儿地调皮地笑。这小丫头，谁知道那小脑袋里又在转什么呢？她呀！可是恺旻他们家的宝贝，兄妹俩长得也几分相像，可那性格却截然不同。恺旻是沉稳的大男孩，安静得很，不爱说话，好的坏的都藏在心里头，性格内向。恺露倒像个小男孩，调皮得要命，活泼可爱，性格胆大外向，她爸爸说管不住她，说管不住那是夸张了呗！其实，乖的时候她也乖。小丫头看似大大咧咧，特别自立，用不着大人操心。我和她很能谈得来，因为她也爱艺术，也擅长艺术，小小年纪自己编演歌舞，真是个“小天才”。我很喜欢她，觉得她一天到晚比她哥哥还要潇洒自在。

我俩正开心呢，他父亲走进来。

“雪樱，你在这里做什么？快去，到客厅坐着去。”

“行，叔叔，您也别在这儿忙活喽，您再忙我们可真不好意思坐了。”

倒好茶水我们都坐在客厅。他父亲却穿好外套，端起茶杯，看样子是要出去。

“你们先坐会儿，恺旻也快来了。”

“您要走吗？叔叔。”

“嗯！我还有点事儿，你们等他来，自己好好玩吧！”

“那你也留下来，一起玩呗！”

听我这么一说，大家都笑起来。他走近摸摸我的头，笑着说：“我玩什么？都这么大了。好啦！我走了你们好好闹闹。”

“叔叔，你也回忆一下童年呗！”敖翔接上了话茬。

“哈哈哈！好了，你们等着吧！”说着便走出门。

“叔叔再见！”我们都起身，道别。

“再见！”

车灯一亮，车开走了。

“樱子你可真行！”潇楠对眼前发生的一切觉得不可思议。

“行了，时间也紧，咱们行动吧！”

“Yes！”

大伙儿开了个小小会议，关上房灯，点好蜡烛，等待恺旻的到来。

“来啦，来啦，准备好！”

不知谁喊起来，大家立马进入状态，准备执行计划。

吱呀一声门开了，恺旻刚刚迈进大门，嘭——嘭——一声响，万花筒被打开，彩纸片从空中飘下，映着烛光，伴着欢呼声，眼前的景象那么美丽、动人、快乐、温馨。恺旻惊住了，他欲言又止，大家把这位寿星捧到中央位置，而后围圈而坐。

“Happy birthday！”一齐欢呼。

“谢谢，谢谢你们！”他激动得不住道谢！

“用不着谢我们，去谢该谢的人吧！”又是敖翔在说。

“该谢的人？”

“出来吧！”恺露把我从房里拉出来。

真的很是尴尬，“Happy birthday！”此时，我也只能送上一句祝福的话。

“祝你生日快乐……”歌声响起，掌声响起，面对面坐着，看着他笑，我也满心欢喜。这是我所参加的自行计划中最感动的生日会，我也为自己的成功而感到欣喜。

“吹吧，恺旻，一口气吹完！”

“不！等等，恺旻你得先许个愿！”

“对！”

“对！许个愿吧！”

又开始闹了。

“好！好！好！我许愿！”恺旻双手相抱，放在胸前，微微低头，闭上眼睛。周围很是安静。看样子他还蛮认真的！

“好啦！许好啦！一起吹吧！”

他话音刚落，大大小小的脑袋就围上前，吹蜡烛了。

吃蛋糕、喝酒、聊天……我们闹到十点多钟，考虑到家人的休息，恺旻招呼大家去了蕾馨家开的酒店，说是大家都开心，得好好闹闹。我和敏帮恺露打扫完屋子，我就先回家了，我想见见自己的父母，想必他们看到我的行李，也知道我回家了，这么晚还不见人，他们会着急的。

恺旻送我到楼下，我劝他回去招待好朋友们，也别闹太迟，早点回家，然后转身上了楼。

进了家门，屋里亮着灯，我听见电视里人物叽叽喳喳地说个不停，知道父母亲都在，这脚步再也迈不开，当时那感觉……是怕是乐？是……形容不出来，如何去面对呢？我还正在想呢，他们循声出来，站在我面前。

一家三口人相见，先是愣愣站着，没有什么话可说，接着母亲哭了，父亲的眼中也全是忧虑，也溢满泪水，他们一下子苍老了许多，我真的有种沉沉的负罪感，忍不住流下泪来。

“爸爸——妈妈——”我哭着跪在他们面前。

“你——你还知道回来？你还知道有这个爸爸、妈妈？”说着，父亲走上前来给我一个巴掌。

这是他第二次打我。上次是因为这一巴掌,我选择了逃避,离开了这并不属于我的家,这一次是因为我回来了,这一巴掌,我会选择面对,面对这个因我而失去温暖的家。这一巴掌,没有恨,父亲的手是颤抖的无力的,打出的是他的爱、我的情。

“别打了,她回来就好,她能好好地回来就好。”母亲拉住父亲。

“能好好回来就好!”父亲也长叹一口气。

他们扶起我后,也去休息了。

我走进自己的房间,床已经铺好,帘子也已拉好,书桌上一尘不染,还有杯热牛奶,地毯旁还放着我那双粉色的拖鞋,旁边椅子上叠放着我粉色的睡衣。回家的感觉真好!在宽宽软软的床上轻轻暖暖的被窝里,我哭了,是惊喜与感动的泪。

三十五

在B城工作所挣的钱有一个存折，我全交给了母亲，还有一些我买给她和父亲的服饰、礼品，还有我买给爷爷、奶奶、姥姥、姨姨们的一些东西，该给的母亲也都帮我给了。我和母亲越来越有默契，越来越能谈得来，父亲的精神也一天天好起来，工作一忙，他倒是满面红光的。我在这边没有工作，所以每天负责收拾收拾房屋，给父母做做饭，他们去工作，我就去陪陪三位老人，给他们读报纸，讲讲新闻，带他们去外面散步……家里头又有了以往的活力，我又像以前一样成为家里的开心果。

一转眼半年光阴。总这么无所事事我也急得慌，我又想起在No.1的那段潇洒日子，手指也开始痒痒，我也想开一个pub，一个属于我自己的pub，在里头弹唱。于是，我开始计划，在纸上画出自己设计的pub。起初，我不敢跟母亲讲，但为了我的梦想，我想试试。一天，与母亲聊天，想了又想，最终还是大着胆子告诉母亲我这一想法。使我万万没有想到的是，母亲不但没有反对，而且帮我谋划，我高兴得不得了。花了两个月的时间才找到心仪的房子，没有多大面积，也没有多少投资，地理位置也不错。

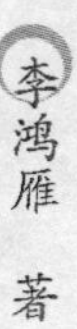

都说女孩爱做梦，我的梦想不是没有根据，也不只是做做而已。

是我所梦想的，我都会竭尽全力地去实现：流浪，我实现了；在pub工作弹唱，我实现了；在大学校园里读书，我实现了；和心爱的人去看海、看日出，我实现了……开自己的pub，我也实现了。我没有后悔过，而是更有信心地去梦想，而后努力实现自己的梦想……梦想着浪漫、祥和、幸福、快乐……梦想着现实的生活！

我的pub取名为“Don’t know”，原因很简单，每次大伙出去玩却一个个摇头说不知道去哪里才好，既然“Don’t know”为大家的口头禅，那为何不能成为我的店名呢？这样岂不让大家印象更深些？再说，这pub原本就是开给我们的店，这样不是更具我们的特色吗？其实在某些方面，我还是一个很细心的人。

看吧！推开黑白相间的门，屋内是摆放整齐的桌椅，灯光下，金色的壁纸反射着迷人的光。整体给人一种亲切古朴，却不失华贵的感觉。进门一边是吧台，各色各类的酒陈列在壁柜上，亮晶晶的酒杯吊挂在吧台顶上。另一边是一个小型舞台，透明地板下彩灯闪闪，舞台上有椅子，还有吉他，这是爱好音乐的朋友的天地，这是尽显青春魅力的舞台，这里是我们艺术的天堂。整场扑朔迷离的彩灯，让我们找到了浪漫，找到了灵感，可以尽情尽心地创作，可以淋漓尽致地演出。

有人在嘲笑我不会赚钱，嫌我的东西太过便宜，而且不收费地演唱，还要养一位服务生，还要交水、电等一切费用。我觉得很是可笑，我劝他们还是走好自己的路，别总瞅着我的门面叹息，别总是为我操心。老实说，不是为赚多少多少的钱我才去开店，不是我没脑子不会赚多少多少钱，我怎么做事有我的依据，有我做事的理由。开店只是想找个事做，我不愿整天待在家里，也不愿靠父母的关系去上什么班，那毕竟是他们的本事，我不想这样无聊地活着。再者我喜爱艺术至极，喜欢并习惯了这样无拘无束浪漫的生活，在店里我可以亲手设计室内的布置，可以唱我的歌，可以创作，可以在闲暇时看书，写我的随笔、小说……我认为这才是我所追求的平静生活：与世无争、平淡充实。早已说过高官与我无缘，要饭我也没份，能够像这样兜里头有些小资本，养得活家人，又能安分地过日子，就足够了。

现在小店生意不错，来过的人都赞不绝口，所以客源好，我就更不用愁了，一天到晚也挺潇洒的，而且可以时不时见见恺旻。母亲也偶尔周末来与我换换班，放我去大自然，呼吸些新鲜的空气。父母的朋友特别羡慕我们一家三口。当然，也有说笑话的，到处放风说我不务正业，没有上大学，没有工作，在 pub……哼！我才不理会呢！我拿到了 J 大录取通知书时你在哪？我在 B 地工作、玩耍的时候你在哪？我在 B 大混读书的时候你在哪？我所见识过的、学到的、享受过的你又何曾有过呢？说去吧，说去吧！总有一天会明白的，谁比谁活得更有价值！

“樱子，你可真行！”

“怎么啦？”听到母亲走进店来，坐在吧台椅上赞赏我的话，使我摸不着头脑，“有什么事儿劳您大驾来我这里？”说着，我递给她一杯咖啡。

“来，看看这几天的报，我都没怎么注意，人家都说我有福气，我拿来一看，这不，每期都有你的稿子，还有这儿，诗也有。”母亲边说边将报纸递给我，指给我看，“继续努力！你可是给我和你爸爸争光了。”

“妈妈，谢谢您的夸奖与鼓励。但这也没什么嘛！感觉好了，怎么写都写得出东西来，这感觉不好，怎么也没得写了！”

“你让人一惊一吓、一悲一喜的，这总算是让我又有指望了，能不高兴吗？”

“妈妈，过去的就别再想了，我不是给你讲了在外的生活了吗？这些年都过来了，您还不放心我？快喝吧，咖啡晾凉喽！”

“当然不放心，你是好是坏、是小是老、是近是远也都永远是妈的女儿，能不让我担心吗？虽说你是抱来的，可我和你爸爸一直都把你当成亲生女儿来抚养，看到你小时候那么优秀那么可爱，一家子人都是把你疼得含在嘴里怕化了，捧在手里怕摔了。尤其是你姥姥、姥爷，把你疼得不得了。”

“妈妈，你们的好我都知道，也都一直惦记着呢！当时离家是因为年纪小，承受不住这么大的打击，你们给我创造的美好生活让我太安逸，接受不了这个事实，当时只有一个念头——逃避！后来流浪、打工、混上学……让我终于长大，终于体验到生活的艰难苦痛，也终于在眼泪中明白什么是爱、如何去爱。所以我又选择面对——面对我曾遗弃的、丢失的、失去的一切，用我的真诚去填补那片空白。”

“我的樱子长大了，说话也这么成熟。好了，过去的就让它过去吧！太阳每天都是新的，为什么我们不能重新开始呢？”

“妈妈，您真是个好妈妈！思想开放，又那么理解我。”

“我也要更新嘛！要不，我俩要吵到什么时候？来，瞧瞧，我买了一件衣服给你，天冷了，别冻着。”说着母亲递给我一个袋子，“来试试吧，穿上让我瞧瞧，不合适我就去换。”

接过袋子打开一看，我惊住了，“这不是那个时装店里的那件韩式皮衣吗？”我问母亲。

“对啊！上次我不是看你挺喜欢的吗？”

“嗯！上次是因为价格高，所以您没让我买。”

“是妈妈傻，现在当做礼物送给你。”

“谢谢您，可是您又怎么想通买给我呢？是不是发工资啦？”

“没有。妈妈是过惯拮据的日子了，总想存点钱。可现在大发展，钱都不值钱了，再说，存那么多钱，万一哪天没得活了，还能带走吗？现在我也想通了，存上点就行了。咱有了就花，该吃的吃，该穿的穿，把福享了，有万一也不会有遗憾呀！对不？”

听母亲这么一说，我也很高兴，她能这么想，那再好不过了。

“1200元您就买了？”

“没有，我讲了价。你猜讲成多少？”

“不知道。”

“840元。怎么样？”

“高手，换我就不行。可您不是说该花就花吗？”

“是啊！可那也不能让他们卖货的大捡便宜。再说，我们工作挣钱也是不容易的。”

“嗯！”听母亲前前后后矛盾的话我又高兴又难过。她的确在思想上改变了好多，可还是有所保留，也许是年纪大的缘故啊！

我穿上那件衣服，刚好合身，样式、颜色都很相配。看着我高兴得不得了，母亲也笑，她说我幸福、快乐、平安就是她和父亲最幸福的事儿，这是他们的希望与祝福，也是他们的幸福和满足。

看！满天的烟花，四处的炮鸣声，又是一年过去了，新的一年到来了。除夕夜我没有回家，而是和朋友们在 Don't know 过，这也是从恺旻那次生日聚会后的第一聚，他们可不像我闲得慌，他们都还在大四阶层忙呢？成天找工作、实习、学习……也够他们受的了，来我这儿才可以消遣。遗憾的是恺旻出差不能回来，我身边没有人陪，瞧吧！潇楠、敏、敖翔他们都双双对对、亲亲密密的，唯独我和寒皓两人形单影只，寒皓调皮得很，还说要做我的“临时老公”。母亲包了饺子送来，寒皓也露了一手，给我们做了一桌子的菜，摆上酒水、饮料，围坐起来，说说笑笑。

“开吃！”我举杯宣布。

“有我的份儿吗？”这声音听起来是诗杰的。

我们停下来，都朝门大望去，进来一些人。放下酒杯，我走过去迎接，还纳闷这个时候怎么会有客人来？

“大老板，恭喜发财！”

听这声儿，走近一看，哎哟，还真是诗杰。

“你怎么回来了？”

“还问我‘你怎么回来了’！”

“不问了不问了，快进来里边坐，寒皓他们一桌正在吃呢！”

“这店装得还真不错。”

“攸攸也回来啦！越长越漂亮了，再变呀我就真认不出来了。”

“哪里哪里，樱子这么说，我可要走喽！”

“既然来了，那就好好闹闹，何必走呢？寒皓、潇楠，你们把桌子并起来，诗杰和攸攸回来了。”

说着，里头都张罗开了。

“樱子，去外面看看，谁来了。”

“外面？”

“嗯。走，我带你出去。”诗杰推开门，我一看，差点儿晕过去，海涛、木木也来了，更想不到帅帅、胖姐、林枫也来了。他们很讲究，放了几串鞭炮才肯进门，这回排场更大了，三张桌子并在一起，我们坐在店中央，围成大圈。

“你们怎么来了？”

“不能来吗？”帅帅总爱跟我斗。

“当然能来。这真是个惊喜。可你们怎么知道在这儿找我？”

“你以为全世界人 IQ 低下啊！还换手机号，换了我照样找得到你。你以为你有多神秘，走都不通知一声，害得人到处找你。”

“好了胖姐，你就别再训我了，认错还不成吗？我只是不想让大家费心嘛！再说时间久了，也想回家看看嘛！”

“幸亏我在老乡会上碰到了帅帅和木木，后来通过木木哥哥认识了诗杰，后来诗杰打电话给恺旻，才知道你在这里，而且开了自己的店，所以我们赶来。一是来看看你，再是来给你贺喜，在这儿过个年，好好玩玩。”胖姐说个没完。

“原来是这样。对不起，对不起，诸位，实在是 very sorry，罚酒三杯好了。”说完，我干干脆脆三杯酒下肚。

“好样的！”帅帅拍起手来。

“我们喝个‘见面酒’吧！大家认识认识，这里还有这么多的朋友，你们别只顾着埋怨、道歉了。”

“林枫说得对，我还把这事给忘了。来，干杯！”全体喝完后纷纷入座，我开始了我今晚的主题工作：“这位是我在 B 大读书的陪伴木木，这是她的哥哥海涛，B 大留校的学干，现在校搞行政工作，No.1 就是他在校外开的，我在那里工作，他一直很照顾我。这位是 B 大学经济的帅帅，过去我们读过高中，坐过同桌呢！这位是Q大的学干林枫，和帅帅成天称兄道弟的，也是个天才。这位是Q大的胖姐，过去和她同一寝室念高中，关系顶好。现在又到一起上了几年学，世界还是小啊！”我喝口茶，继续，“这位是潇楠，这是他男友；这位是敏和她的男友；这位是敖翔，旁边是他女友；这位是寒皓。他们都是和我从小学到初中直至玩到现在的朋友。”

大家都相互认识后，也就没什么可拘束的了。

“你们吃晚饭了吗？”

“还没呢！”

“那正好，我们也没吃，这不，都是寒皓做的菜，吃吧，吃吧。”我把碗筷递给他们，“我再去弄几个菜。”

“你这里还有做饭的？”海涛也很惊奇。

“有啊！瞧见没？‘经理室’里头东西可全着呢！”

“这樱子做事，还怕有不细微之处吗？”

“说的也是。”

“她会做菜？”帅帅很质疑。

“那当然，人家上初中时就能做一手好菜，看来你小看她了。”

“我以前，包括现在，总以为像她这样的大小姐肯定什么都指望不上。看来，是我错了。”

“帅帅，的确是你判断错误，我可吃过她做的菜，那是在B城的时候，在她的小屋，我们大伙去贺迁的时候。她做的菜很好吃。”

“我也听她说过。那时她和我常失眠，一到晚上睡觉她就给我讲你们过去的事，潇楠呀你们的名字我都听得很熟，她说你们都是小能人。”

“你们在吹什么呢，海涛、胖姐？来，吃菜吧！”

转眼工夫，桌上又多了几份菜，我还煮了水饺，大伙儿热热闹闹吃吃喝喝聊聊，新年钟声便敲响了，我们仍旧去放烟花，只是人更多，地方更亲切，笑声更多更欢……我很想恺旻，很希望他也能和我们在一起玩闹，可是，这根本是妄想。他现在是步入社会工作的人，我们虽然长大，可毕竟还是学生，他和我们不一样，因为他所接触的人和我们接触的不一样，相比之下，他结交的范围更广一些，他的人生目标和大家的也都不同吧！

情不自禁，又一直盯着林枫看，我想，我还是惦记着他，深深地爱着他，以至于我无法将他忘记。看着他一个人站在那里望着远方，淡然的表情里尽显孤独与忧虑。再看看其他男孩吧，帅帅、海涛、诗杰、寒皓，他们跳着、笑着、追着、闹着，一直那么顽皮、欢乐。林枫与他们不同，说他成熟吧，他却是个阳光男孩，也有那么几分调皮，尤其在他笑的时候，灿烂之余感觉有些坏坏的，而且有时候说话、做事也傻傻的；说他不成熟吧，有时却看上去挺稳重的，不疯闹。反正解释不出来，我就觉得他挺特殊的。

他猛然回头，看见我在看他，却马上移开视线，装作什么都没发生，或是不理不睬。他这样让我很尴尬。真的，就是朋友也会打个招呼，说说话，不至于冷场，可这样子，算什么？知道这样对我的打击有多大吗？为什么还是要逃避？为什么依旧不能坦然面对？

我是一个女孩，是一个有男友的女孩。要不然，肯定会走过去大胆地对他说：“我喜欢你，想和你交朋友。”也或者说：“对不起，拒绝你我后悔了，如果有机会的话，我愿你重新追求我一次。”也或者说：“不喜欢我也不要不理我，冷漠对我而言很残忍。”也或者……

怕是我又在做梦吧！事实是:我是一个孤寂女孩,一个有男友的孤寂女孩。

林枫最终逃开了我的视线,我没有任何挽留的话语,我觉得已没有什么意义,就像那句话所说:该是你的就是你的,不是你的就放掉！林枫终是与我有缘无分啊！我是这么想的。

玩了几天,他们要走,我也没有留,我觉得林枫并不开心,与其让他过得这么勉强快乐,不如让他去找寻一份真实,这样对他更公平些。可是,火车走的那一刻,我却为他的走而掉泪。

三十六

日子飞一般地过，一年一年的光阴就从这日历当中翻过了。朋友们走了来了，也如我这 pub 里一桌一桌的客人，走了来了。很快就到了五一节。这些小心肝儿们又陆陆续续打电话来约定见面时间，我就猜出他们那小心眼的坏心思，都想洗劫我，还好我赚了些。

五月二日下午，我的 pub 内又挤满了人。这群“坏”家伙就占了两大桌。恺旻也回来了，半年见一面，我俩也够辛苦的。我赌气不理他，玩累了，就坐在朋友中间大口喝着白开水，吃着爆米花，与他们笑闹。瞧他吧，也不理会我，也不理会朋友们，一个人坐在边上抽着烟，看上去心事重重。那些升起的烟圈揪住了我的心，让我为他担心，焦急他这是怎么了？好不容易回来一次，他却……我走到他身边，坐下来问他怎么会这个样子，要不要喝点东西，他却看都不看我一眼，只是摇摇头。两人都静静地坐着。

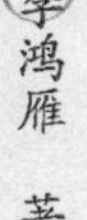

突然，电话铃声打破了静默的局面。恺旻看看屏显，立刻变了脸色，犹豫很长时间才接电话，不知是谁打的，我从来没有这样问过他，他也从来不会告诉我，只是听他给对方竭力解释，说他自己在

家，很忙，别再打过来，而后匆匆挂断。看到他不安的神情，我猜又是公司打的吧。

“你怎么了？”我拉住他的手，关切地问，“是不是公司又有事叫你？”

“嗯——没什么！——没什么事儿！”他的回答吞吞吐吐，很容易看得出他在掩饰什么。

我没有再多问，只是紧紧握住他的手，感觉到他手指的冰凉。恺旻一直呆呆地望着自己的脚尖，他不敢正视我，我一直目不转睛地盯着他的眼睛，好久。

“樱，别这样——”他微微一笑，“别这样看着我，好吗？”他终于肯扭过头来看我，跟我说句话了。

“不好！”我撒娇，“我就要看你，怎么了？”也很孩子气，逗笑了他。“你别再强颜欢笑！告诉我，发生什么事了？为什么这个样子。”

“没什么事儿！”我是认真地问，他却开起玩笑来，“哼！我会有什么事呢？”他摸摸我的脸，“别再这个样子，生气噘起嘴是什么？是猪，很难看的！”（他又在拿我开玩笑。）

“你才是猪呢！”

“来，来让我抱抱，亲爱的宝贝，过来。”说着，他拉过我坐在他的腿上，“这些日子真的好想你，想死你了！”

投入他怀抱，靠在他宽敞的肩，听着他的温柔话语，我轻轻闭上眼睛，微笑未能抹去，是啊，这么些日子一个人过，也实在是累，找个怀抱，找个肩膀来靠靠，舒服多了。他亲亲我的脸颊，眼睛却湿润了，喃喃地说：“我对不起你，樱子，对不起！”这句话让我的心一颤。

玩累的朋友坐下来休息，喝喝饮料，聊聊天，他们还口口声声说羡慕我们的幸福，替我们设计着将来……笑闹，好不开心。我吃完了桌上的那包爆米花，糖精太多，甜腻的让我口中泛苦，皱皱眉头，傻傻地笑，恺旻也被我的调皮可爱给逗笑了。可是，我分明读得出他眼里掠过的一丝忧虑。

突然，我想到一个人——姬瑶。

记得正月十五的那晚，我没有去闹花灯，而是早早睡了。临近午夜，恺旻打来电话，说如何如何想我，给我新年的祝福，当时，我就觉得怪怪的。后来他说有件事得告诉我，让我答应他不会生气。他说自己又找了一个女孩做女友，已经有三天了，还说这个女孩我也认识(说她叫姬瑶)。听他说着和她相好的经过，我的心便揪一般地疼痛，泪也禁不住往外涌。说真的，哪个女孩听到自己爱的男孩有了新的女友不会伤心、难过呢？我得忍。

这件事就这么过去了，他没有再提过，我也没有再追问，也没有再生他的气，没有和他吵架。怎么忍呢?我一遍遍告诉自己恺旻是诚实的，应该相信他。结果也不了了之。

怎么现在我又想起了这件事呢？已有半年之隔，怎么？没有心思再玩了，我的心又开始揪一般地疼，有预感：会发生什么事。可我还在拼命向自己解释，不要让自己胡思乱想；告诉自己，正月十五那天，恺旻是在开玩笑。

散场很早，不到九点，都回家了，恺旻也要走，他没有主动留下来陪我，我也没有留他，我真的感觉他在疏远我，感觉他已不再爱我。真的，心还在隐隐作痛。

五月三日，我打电话给他，他没有接。下午又打给他，一直“正在通话”，让我越发生气，他这是怎么了？假期还这么忙吗？我一直在重拨，好不容易拨通了，电话那头是他疲惫的声音，他说自己喝醉了，要我过去陪陪。店里头这么忙，我怎么抽得开身呢？虽然是气得直跺脚，可还是妥协。为什么答应我的事从来都只是敷衍，而他一开口我就尽可能做到最好呢？

恺旻缠着我，哄逗我，想让我开心，赖皮地抱着我，我哪里还能再生气呢？僵局终于被打破，整个小屋里都充满我甜蜜的笑声。一丝丝凉风从窗口溜进来，舒服极了，坐在一起，仰起脸看着湛蓝的天。

他的电话响起，看看屏显，他脸色又大变，和昨天一样，他开始犹豫不决，是否接这个电话？我很不解。过了一会儿，电话又响起，他没有接。没过多久又打过来，他仍然没有接。过一会儿，每隔几分钟，电话就响两三声，傻子都知道，是示意回电。而恺旻却无动于衷。"怎么回事？是谁呀？！"他倒假天真，故作轻松："咱们继续聊吧！"我默不作声。电话又响起。

"接呀，为什么总是逃避？"我都不耐烦了。

"不接！"他倒很孩子气地笑。

"接！"我白了他一眼，憋了一肚子气。

"不接就是不接！"他倒生起气来，"我好不容易把她给忘了，接！接！接！你又让我接什么啊！"

沉默。

我转身，趴在床上，心里泛起酸酸的委屈。努力让自己的心平静下来，一遍遍回想，仔细推敲着刚刚他所说的话：好不容易把她给忘了！好不容易忘了！好不容易！我越想越生气，越想越心痛，于是，用沉默来反抗。

电话再一次响起，响了好久。恺旻长叹一口气，还是无奈接通了。“好了，好了，马上就到……”温柔小心的话语再一次刺痛了我的心。微笑！我对自己说要微笑！我微笑地看着他，一直看着他微笑。

又是沉默。

我的脑子里一下子涌出了我写过的一首诗：

如果没有相识
　　我宁愿一辈子孤寂
如果没有回忆
　　我宁愿干脆地将你忘记
如果没有憧憬
　　我宁愿离你而远去
如果没有你
　　没有你——
　　我宁愿化为一只飞蛾，扑向熊熊烈火
　　我宁愿升为空气，无形无影飘移
　　我宁愿是一颗红豆，默读自己伤悲
　　我宁愿消溶于大海，痛到无法呼吸
如果没有如果
　　我宁愿——
　　静坐星空下
　　回望走过的路
　　细数悲喜种种
　　无奈地笑啊

——曾经拥有

纯纯的初恋，清澈的忧伤……我无奈地笑，想着这份纯真怕是要走到尽头了吧！本以为会……唉！“天长地久，山盟海誓”到底算什么！

“樱子，我和她真的好了，在一起也有很长一段时间。”这是恺旻亲口告诉我的。

痛到撕心裂肺的是我，痛到无法呼吸的是我，痛到强笑忍痛的还是我。泪！所有的泪都积在心里头，沉甸甸的、咸咸的、酸酸的、涩涩的……

“谁呀？”我故作轻松。已经猜出是姬瑶，却还这样明知故问，只是不愿承认。

“是姬瑶。”

的确。他还是说出来了。我真的不敢相信，也不愿相信这是恺旻说的，不愿相信这些都是真的。但事实上这就是真的，这是无法更改的事实！

“说真的，我真和她走到了一起，没有骗你！”他很认真，“我真的没有骗你，但是我——”

“我饿了！”我不想听他再说下去，打断了他的话，“你这里有没有好吃的？我都饿死了！”边说边东张西望的，与其说是试图找到些什么，不如说我是在试图掩饰着自己的悲伤。

看着我三心二意，东扯西拉，起初恺旻是有点生气，可后来看我傻傻的样子，又无奈笑笑。“没有！”他摇摇头，用手指点了点我的鼻尖，于是，我俩都开怀大笑。他不会知道我的笑是痛苦的。我的心在呐喊:饶了我吧! 恺旻,别再刺痛我,别再刺痛——别再让我受折磨了——

“我怕伤到你,所以——”

“还有别的要说吗? ”

“樱子! 你听我把话说完好吗? 我是真的怕伤到你,所以才逃避,我不敢讲真话。”

“还有别的吗? ”

“我要你知道,我是爱你的!我一直是爱你的。和她之间只是游戏,只是开个玩笑而已。”

“是吗? 玩笑而已? 哈哈哈! ”他的解释让我放肆地笑。

“你笑什么? ”

“嗯?哈哈哈……”没理会他,我接着笑。一次次傻笑,声音干涩干涩的。看到我眼中有泪闪烁,恺旻慌了手脚,他最怕我哭了,我一哭他就束手无策。这次也是,他一动不动地看着我。“你怎么了? 怎么了樱子? ”一遍遍地问。我没有理会他,一直干笑。

“怎么了?你怎么了樱子?”恺旻抓住我双肩拼命地摇,大声喊。“别这样——你别这样,樱子——”他真的是吓坏了。

“没事的恺旻,不用管我,我没事。这些天来,我总是听到一些可笑的事儿,就是想笑——”说着我又大笑起来。

恺旻莫名地、焦急地看着我,他并不知道是自己伤着了我,他并不知道其实我不想笑,我想痛痛快快地大哭一场!

痛到极点也就没有了泪,只剩下放肆的笑! 干涩的笑!

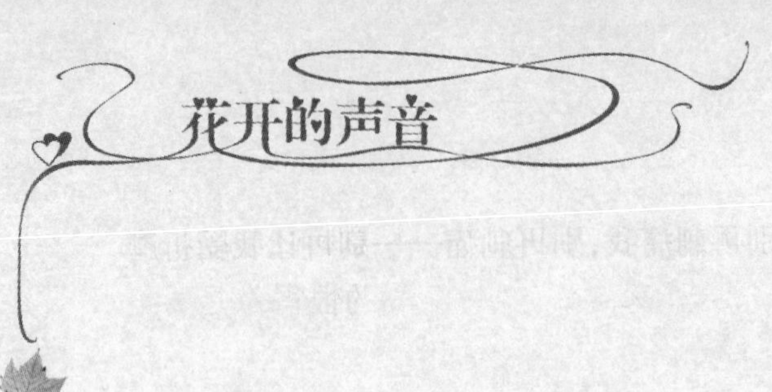

三十七

注定要发生的事情怎么也逃不掉!

五月四日下午,恺旻来到我的 pub,潇楠、寒皓他们都在,说是要欢度假日,怎么也得聚聚。过去我们在同一所学校待过,大家都很熟,没什么可陌生的。同以往一样,我们喝酒、聊天、唱歌、跳舞……对我们来说这些事情一点儿也不厌烦,而是尽兴,是潇洒,是心的释放!

唱了几首歌,我有些累,坐在恺旻怀里,喝着我所喜爱的白开水,吃着爆米花,听着他的甜言蜜语。他们平常最不爱讲这些话了,可今天是怎么了?我觉得很奇怪,但又没有在意,沉浸在欢乐幸福的氛围里。

“恺旻!”

正玩得尽兴呢,突然听到一个声音,大家都静下来,循声望去。门口站着一个女孩,个子不高,穿着十分流行,披肩的长发,有些眼熟。

恺旻的手颤了一下,从我手中抽出,望着那女孩,他一脸惊慌!

尽管室内灯光很暗,我猜也猜出是姬瑶了,这是我意料之中的。她一步步走近,站在我们面前,那种气愤的眼神,真的恨得像是要把我杀掉。是的,这回我真的看清了她——姬瑶。

我坦然起身,却被恺旻拉住了,他抱着我对我说:“我不要你离开,我要你陪着我!”我看到姬瑶的嘴角在抽动,尽管她身后有位女孩拽拽她的衣角,但她还是板着脸冲上前来对着恺旻大喊:“你在这里干什么?”

好厉害啊!她怎么能这样对恺旻?我还从没给他这么发过火呢!你们说说,我心里能平衡吗?

“你骗人!你不是在家吗?你不是在忙吗?”没等恺旻开口,她又高声喊起来,“我早都看见你们了,拉拉扯扯,搂搂抱抱,你眼里还有没有我?抽烟、喝酒、唱唱跳跳,很不错嘛!”

“你在这里乱七八糟说些什么呢?这里还有你说话的份儿?”寒皓忍不住对她大吼起来。

“我乱七八糟地说?!怎么不看看他们乱七八糟地做什么?”她用手指着我和恺旻,“你这个贱人,勾引恺旻不说,还指使人在这里骂我!”

“闭嘴!”我站起身来对她说,我真的受不了她再这样侮辱我。

恺旻点支烟,出去了。

实在忍受不了姬瑶的无理与傲慢,“你给我出去!给我出去!”我真的不想再见到她,此时此刻,我的心在痛,在痛啊!

“让我离开是吗?”她的话音刚落,一杯酒迎面向我泼来,淋湿的头发、淋湿的眼,我真没有想到她竟然会这样,听到她得意的笑声,我的心也碎了。我一动不动站在原地,一动不动!一股怒气涌上心头,握着拳头,紧紧握着拳头。

寒皓走过来,给我擦擦脸上的酒,又递给我一些纸巾,“樱子——”他轻轻地喊着我的名字,这亲切的声音唤醒了发呆的我,泪一下子涌出。握住我冰凉的手,他安慰我说:“樱子,别这样,你要坚强!听我的,振作起来,大度待她,一切都会好的!记得大度些,会好的!要有勇气去面对一切!”

大度?!宽容?!勇气?!面对?!一切会好的?!

寒皓不是没有道理。“我想唱歌,给我放歌,放首《梦醒时分》我要唱!”音乐响起,我拿起话筒:

你说,你爱上了不该爱的人,你的心中满是伤痕,你说你犯下了不该犯的错,心中满是悔恨,你说你尝尽了生活的苦找不到可以相信的人,你说你感到万分沮丧,甚至开始怀疑人生……

歌声响起,我看着走进来的恺旻,心中泛起酸酸涩涩的委屈。

曲罢,寒皓带我回到客桌,朋友们都在那里等我,我忍住憋了很久的火气,微笑着面对大家,微笑着面对姬瑶,问候,敬酒……像招呼我店里的客人一样招呼她,姬瑶却不搭理我,我觉得自己在那一刻怎么就那么窝囊。朋友们看我的目光中满是不解,此时谁会知道我将全部的气、怨、酸楚、心痛置于酒杯中,一杯杯地喝下去,一杯一杯地喝下去都不会醉!看吧,姬瑶坐在恺旻边上,靠得很近,看得清她拉着他的手,还时不时趴在他耳边说些什么……这一切我看得清清楚楚,看得清清楚楚!

我是忍气吞声的人吗?是软弱无能的人吗?不!在座的哪一位不知道,依我的脾气、性格,我能容忍她这么放肆吗?当然不会!可是今天我是怎么了?今天是怎么了?

看吧!他俩还头靠头地尽情地说着什么,这样近的距离,再一次触痛了我的心，我站在他们对面，却像是被蒸发掉。实在是看不下去了，我注意着他的一举一动，而他有没有注意到我？看到我的痛苦了呢？看到了吗？看到我发梢眉间还挂着姬瑶留下来的酒珠了吗？他没有。

“纸巾。”我起身，伸手拿过寒皓递给我的纸巾，向外冲，恨不得立即消失。

“你去哪？”恺旻问。

我停住脚步，却没有回头。

“你去哪？”寒皓又问，朋友们也在问。

这问话让我的心才舒服了些，我想我不至于惨到无人过问的地步。挤出微笑，转身留下一句话：“卫生间！”而后头也不回地冲出门去，冲进卫生间，狠狠地摔上门。

“哈哈哈！”我大笑、狂笑，笑得泪流满面。

“樱子！樱子！开门！”我听见有人在砸门，还没来得及擦泪水，转身便看见寒皓。

“樱子你怎么了？别这样，好吗？”

“寒皓，我也不知道——”

“我知道你心里头难受，知道你受了委屈，深受打击，你想哭就哭吧！如果不介意，我借你个肩膀，哭吧！哭出来会好受些，你总这么忍着、憋着，我——我看着也难受——”说着寒皓竟也流出泪来。

终于支撑不住，趴在他肩头失声痛哭，嘴里头还不停地念叨：“我心痛，我难受，真的很委屈，很难受……”寒皓也一遍遍安慰我：“樱子，别难过，恺旻他太糊涂，但他还是爱你的，你相信我的话，相信他还是依然爱你的……”说这么多，我却一个字也听不进去，也不愿听。

哭了好久才出来，洗洗脸，勉强笑笑，镜中的我憔悴得不成样子，那又能怎样？就听寒皓一句话：“该面对的终要面对，无论怎样都得坚强起来，坚持下去！”是啊！要坚强，要坚持。他带着我回到桌上，继续笑着面对所有的人，继续喝着酒、唱着歌……

姬瑶坐在一旁频频指责我，什么女孩不拘束啊！女孩子怎么能喝那么多酒啊！女孩子怎么能在众人面前大声笑啊！女孩……还左瞪一眼，右白一眼的。而我呢？才不理会她，我做我喜欢做的事，我喝，我吃，我唱，我笑……那是我的真实，我不会装腔作势，不做作，而不像她，陪男人出去做尽坏事，不知被多少男人欺骗，现在倒来我这里装纯洁、假高尚！恶心！我不言语、不理会是因为我懒得和她说话。你们瞧瞧吧，这一桌哪个朋友在听她叨叨？哪个朋友愿搭理她？谁不清楚她的品行为人啊！让她继续无休止地评价着我呢！

啪！啪！

我扔下话筒，走上前去狠狠地给了她两个巴掌。周围一下子静下来。姬瑶狠狠地给我留下一句话：“樱子，你好卑鄙！”

“怎么了？”

她捂着脸，掉着泪凶我，“还在装？你还来问我？”

“我怎么知道发生什么事情？‘装什么装’？我樱子是那样的人吗？”别以为我不吭声，人的忍耐也是有限的，我也会维护自身人格。

“爱得起就爱，爱不起就走，输也要输得起，你为什么这么卑鄙？你以为打了我就能让恺旻回到你的身边吗？做梦吧！”说着她便哭起来。

“做梦？让我做梦？与我谈爱与不爱？你够资格吗？”她这回真惹我生气了，“自始至终，你当我是什么角色？”

“这话应该我问你吧！”她抛出这句话，说的我倒像是第三者插足。

“你好像还不够资格对我说这些吧！别在我眼前牛气冲天！别以为我樱子好欺负！”

“那你是说我好欺负呗！”

“无耻！”我还口骂她，“别把我的宽容当成软弱！不要目中无人！你的傲慢帮不了你！”

听我说完这些，姬瑶不再言语，只是狠狠地瞪着攸攸。

“太放肆了！”说着我便冲上前去，我要给她俩耳光。

“住手！”天哪，这是恺旻的声音！他竟然……竟然抓住我举起的手，拦挡在前面。

“放开我！”我挣扎着，“姬瑶，你太狂妄自大了，不知好歹！”说着，我又往上冲，被敖翔、潇楠他们拦住，姬瑶蹲在地上哭。

“好朋友们，谢谢你们的帮助，可是，我的事情最好由我自己来解决。相信我会处理好这一切的。”抹掉眼角的泪，我轻轻地说。性格好强的人总是这样，宁肯自己承受着什么，也不愿别人分担，不愿意让人看到自己脆弱的一面。

我走到姬瑶跟前，大家都不明白我要做什么。

在她跟前站了一会儿，我说：“你还要再嚣张吗？”

姬瑶被身边的人扶起来，捂着脸，还是冷冷地盯着我。我也冷冷地看她。她嘴里还在嘟囔着什么，谁也没有听清，但她的表情告诉我，她极为不满，还狠狠瞪着恺旻，怕是在埋怨他吧！

恺旻这小子,一直站在不远处抽着烟,不是他冷眼旁观,从他紧锁的眉头看得出,他有自己的理由,管不得,两个女孩他谁都不愿伤害,他谁都不能伤害。

“再说一遍!”我气得眼睛发红,手在抖。真的是忍无可忍!我一把提住姬瑶的领口, 想要给她巴掌的手却怎么也放不到她的脸上,手还在颤抖,轻轻放下。我的心软了,告诉我不要打她。

她的确是有点怕,向周围瞅瞅,投去求助的目光。看吧!哪里会有人去理会!对于这种不讲道理、无事生非、愚蠢至极的人,谁都不愿去理会。在此的每一个人都清楚事情从头到尾谁是谁非,每一个人都理解我的痛楚,都知道我深受委屈。

还没等我反应过来,啪!一个巴掌已落在我的脸上,烧疼烧疼的,我愣在那里,看着姬瑶,是她!是她给了我狠狠的一个巴掌!所有的人被惊呆了,恺旻也被惊呆了,却都无动于衷。

两个女孩,相视,沉默不语。我的眼里是不解,她的眼里却是得意,是痛恨。

三十八

事情竟然到了这个地步,是我们谁都无法预料的。此时脑子里凌乱不堪,心乱如麻,斩不断,理更乱……诗杰走过来,要将我们拉开。

“告诉我,诗杰,这是怎么一回事儿?”

“别再问了,雪樱!”

“别再问了?我还存在吗?!”

“樱,别问了好吗?”我不知道他是在安慰我还是在继续掩盖事实,“攸攸,带姬瑶走吧,快走。”

“站住!谁也不许走!你要带她去哪儿,攸攸?你们走得了吗?”

“雪樱,行了吧!别再为难大家了好吗?”

“为难大家?”

“你今天打也打了,骂也骂了,酒也喝了,歌也唱了,恨了,痛了,也该闹够了吧。”

“闹?我在闹?到底是谁在闹?”

“樱子,你听话,她还小嘛,有些事过了就过呗,别再计较。”

“她比我小?怕是总留级年级比我低,学历比我低吧!论年龄,她还真大我一两岁呢!别再哄骗我!有些事是过去了,可我说不计较，别人也就可以不计较了吗？是谁来我场子里头闹？”

原本不想说这些刺人心的话，可怎么也想不到攸攸竟想着法儿帮她，若不是看在诗杰的份儿上，怕是一杯酒又泼在攸攸脸上了。我稳了稳情绪，“攸攸，没你的事，最好让我们自己来解决。”

“可是——”没等她把话说完，诗杰便把她拉到了一边。

“姬瑶，告诉我这都是怎么一回事儿？告诉我，恺旻有女友吗？快告诉我。”

“有。”她的回答声小得怕是连她自己都听不见。

“告诉我。”

一会儿，她看着我，欲言又止。

“告诉我吧。”忍住眼中的泪，我努力让自己平静。

“他有，他有女友，是——是——是你——是你，雪樱！”说着她便流泪了，“是你——雪樱——”

“是我？是我雪樱？你还知道啊！难道，我死了吗？死了吗？你看到我樱子死了吗？!!!”我气得瞪大眼睛，揪住她的领口，拼命地摇，“说啊！你说句话啊！”我一声高过一声，她却只是闭上眼睛，不语。

终于，我的泪也开始滑落。放开手，叹口气：“你们在一起好久了。”她却使劲摇头。我问：“姬瑶，你很爱很爱恺旻吗？会好好关心他、照顾他吗？可以经常在一起吗？”我也不知道自己怎么会问出这些。

她睁开眼睛，并没有看我，轻声说：“我们在一起是有一段时间……”

“是吗？那你的意思是——是我搅了局？”

“那当然！”她忽然抬起头来，那眼神，那眼神是我见过的最为狠毒、最为可怕的眼神！一直盯着我，一直死死盯着我！

“那——你恨我吗？”

“不恨你是不可能的！”她的回答非常肯定。

听她这么一说，我腿软了一下，差一点儿跌倒……

“以前我知道你们俩很好，而且有些年头了，咱这小地方谁能不知道？可后来，就是正月十五那天，我打电话给攸攸，不知怎么，她又将电话交给恺旻，开始，恺旻说他和诗杰、攸攸在诗杰房里喝酒聊天，后来说他喝醉了，后来又提出和我好。”

“你是不是没有脑子?知道我俩的事儿，知道恺旻喝了那么多的酒，还缠着他不放？”我忍不住打断她的话。

“不是我缠着他不放，原本我是找攸攸，和她聊的，可不知道为什么，她说要让我和恺旻聊，所以……”

“好了。接着刚才的话说吧！”

“好吧，说。”

“他提出和我好后，我还想起了樱子，我问恺旻他和雪樱是怎么回事，他说早已经分手了，然后又是一番甜言蜜语，我想他这么费心地追求我，怕真的和雪樱没戏了，所以就答应了。”

“你没有长嘴吗？你不会问问攸攸吗？看你们好得很。”我还是没能忍住，厉声对她。

“我问过攸攸了，从她口中确定你们分手的消息我才做出和他好的决定。好了，不再多说什么，事到如今也让我十分吃惊。”

“其实你们俩的事恺旻全告诉我了，没有计较是因为他答应过我，他会处理好这件事，没想到他还在与你联系！”

“他来处理？”姬瑶无奈地笑笑，“他能处理吗？他根本就处理不

了！他以前也是这么说给我听的，今天见面，我也万万没有想到你们竟然还有联系，而且那么亲密无间。”

“好了，不用再说，我都明白了。”

“他?！他什么都处理不了。早都看透了。”

“那你——”

“说实话，我根本就不爱他。”说出这话，她竟是那么平静、自然，真的让人难以置信。“我从来就没有爱过他，我有男友，而且很要好，和他——只不过是一场游戏而已！”

“什么？”我睁大眼睛。

“什么？一场游戏？不！你一定是在骗我，姬瑶。”

“那你认为呢？”

“我没有什么想法，我也不敢多想什么，但是我想说，我想坦诚地告诉你，过去我的确恨你，而现在没有恨了，过去我爱他，而今我依然爱着他！”

“那就爱吧！还有什么要说的？”

“感情不是游戏，玩不得，我也玩不起，既然爱他，就应该尊重他的决定，爱他就应该让他快乐幸福！”说着，我去拉姬瑶的手。

“你想干什么?”恺旻终于出了一声，从别的座位跑了过来，却留给我这么冷的一句话，还死死拉住我的手。姬瑶看到这一幕，立刻转过身去，见她转身，恺旻又忍不住去拉她，看看我，又止住脚步。他紧锁双眉，不知所措。

他这一举动太令人失望了，我的心又一阵酸痛，冲他发起火来：“干什么？我还没问你呢？看看吧，你都做了些什么！”他不说话却在看我，“放心，我不是去打她，而是在成全你。”

“成全我？”

“还要我再解释一遍吗？”

“不用多解释，走，陪我好吗？”说着他便揽着我的腰，又很温柔地说着：“好老婆，听话，咱们好久没有联系了，该忘的就忘，现在别再生气，陪我去聊聊。别再闹了。”

“别碰我！”转身用力甩开他的手，“闹?！是谁在无理取闹?！”这回，他的温柔竟让我觉得那么恶心，“恺旻，你的游戏也该结束了吧！”这无奈的、欣喜的、悲伤的、委屈的……百感交集的话出口，全场人都给怔住了，他们惊疑地看着恺旻。

“什么?！什么游戏?！结束什么?！”恺旻倒一脸无辜地继续掩饰着，其实他心里头明白得很。

“装得太真，骗得太狠了，恺旻你还要继续下去吗？”

他并没有做出任何回答，只是呆呆地看着我。

“你爱我吗？”

他依然开不了口。

多少年了，今天又提出这个问题，重新要他答复，我自己都觉得不可思议，我自己都觉得很可笑，觉得自己傻得可怜。瞧吧，他还是不语，只是望着我，一直望着我，那眼神在一遍遍地追问我：樱子难道你还不了解我？不信任我？不明白我的心？我用我的眼神告诉他：无论怎样，我不要你的沉默，我要你大声说出来。

看来看去也只有眼泪串串。

“哈……”我又开始大笑，真的已经站不住了，但还用力撑着，握住潇楠的手，紧紧握住，我在颤抖，手颤抖，心也颤抖，这感觉，这笑，让我又感受到一次。

为什么受伤的总是我？到底我做错了什么？我又一次地问自己！

周围很是安静，我听到了一首歌：

爱我的人为我付出一切，我却为我爱的人甘心一生伤悲，在乎的人始终不对，谁对谁不必虚伪，爱我的人对我痴心不悔，我却为我爱的人流泪狂乱心碎，爱与被爱同样受罪，为什么不懂拒绝痴情包围……

泪吧嗒吧嗒地落下。

三十九

听到这干涩的苦笑，我知道恺旻的心也在一下一下地痛，他体会得到我这笑中所带的痛与恨。

笑罢，我勉强笑笑，走上前，带姬瑶到恺旻面前，拉起她的手交到他手中，善良的语言，温柔的语调，颤颤抖抖地说："好好珍惜，好好爱，会幸福的，我为你们祝福！"

"那你怎么办？你算什么？"蕾馨气坏了，还没等我把话说完，她就冲上前来，狠狠瞪着我盘问。

"胡闹！你疯了吗？简直是胡闹！你可要想清楚，樱子！你怎么了？走到今天你容易吗？刚才的气、罪，都白受了吗？这些痛苦都一个人承受吗？"敖翔冲我大吼，而后抓起恺旻就举起拳头朝他脸上打去，大骂："你真可恶、无情！没有良心的，想想樱子从过去到现在对你有多好？可你又为她付出多少，为她想过多少？"

"不要打他，敖翔，拜托你不要打恺旻，你打得我的心好痛！"我拉过敖翔，哭喊着让他放手，不要和恺旻计较，然后递给恺旻一条手帕，白丝帕，一角绣着一枝红红的刺玫瑰。

"还这么关心他，又何必委屈自己呢？"潇楠叹着气说。"你总是心太软，又总是性子太强，死要面子活受罪！什么时候才能多关心自己少操心别人呢？寒皓，还是你去说说她吧！你的话她应该会听得进去。”潇楠推推寒皓。寒皓摇摇头，走到一张桌前，开了一瓶酒，抱着瓶子往下灌，直到底朝天。他走到我身边，拍拍我的肩，叹口气说道：“樱子，你真的疯了吗？想想从过去到现在你所受到的苦和痛？看看你走过的路？这些年来独自一人在外漂泊，一个人生活，是为了什么？自己好好想想，容易吗？值不值得？”

“别再说了，寒皓，我心痛。”

“心痛了吧！不过樱子，说实话，如果真的没有爱了，就干干脆脆分手，一个人过惯了无拘无束的生活，这样对你来说或许是个解脱。”说着又开了一瓶酒猛喝。

“你在胡说八道什么？寒皓！”恺旻厉声吼道。

“我胡说八道?!你乱七八糟做了些什么？你还有什么理由来指责我？凭什么来吼我?!我还没问你呢！这么好的一个女孩，为了你放弃了她本该拥有的好多东西。为你痴狂，为你执著，为你付出那么多，无悔无怨，为你吃尽苦头！还记得因为你而转学的事吗？在新学校里受的罪你还记得吗？希望你还记得！希望你永远记得！而你又给了她什么？她伤心难过时你在哪里？有没有陪她度过？她生日的时候你在哪里？有没有送她祝福？她孤寂的时候你在哪里？连个电话、留言都难收到……就这样她依旧爱你真实而执著。你呢？你都做了些什么?!”

“寒皓，你喝醉了。”

“住口！”寒皓又给恺旻一拳头，打在恺旻的肩上，“到现在你还不愿兑现这些事实?清醒点吧，恺旻!我没醉，你也没有醉，为什么还不面对现实呢？”

“你不知道。”

“我不知道什么？我不知道你的良心去哪里了！不知道你爱不爱雪樱。”

“我知道你爱她，对吗？”

“对！知道就好！既然如此，咱们就公平竞争。”

他们那种对爱情的表达虽然新潮大胆，但极其浅薄无知。

到现在大家的神经都绷得很紧，在这越来越紧张的空气里每个人都快没有了呼吸。寒皓所言的确没错，可他们各自紧绷的脸、他们一声高过一声的吼叫、他们挥起的拳头，使得我们愈发地害怕、紧张。可担心的事终究是发生了。

也许是姬瑶打了电话叫来了她的弟弟。姬瑶的弟弟从后面冲上来，顺手提起地上的酒瓶，朝寒皓头上打去，玻璃渣子四溅，酒水和血顺着他的头往下流，我吓得尖叫，看寒皓立在那里一动不动，冲过去抱着他拼命地喊着他的名字，用力地摇着他，恺旻和敖翔抱起寒皓就往外跑，没料到被她弟弟的几个兄弟拦住，他们抽出皮带，铁链无情地打向恺旻、敖翔和寒皓。

“你们别打了，别再打了——别打了，住手——”我站在不远处哭喊着，眼睁睁看着他们和那么多有家伙的人对打，大大失利，受伤流泪，却吓得无能为力。潇楠一直陪在我身边，握着我的手不放，敏冲上前去帮他们拦挡，也受着伤……诗杰几次要冲上去打，都被攸攸和姬瑶拉了回来，他气得脸发青。

酒瓶酒杯椅子满天飞，桌子也倒了一片，打架见得多了，可是没见过这种阵势。我的心都提到了嗓子眼上。

“啊——”一声惨叫，打架的所有人立马停了手，只见一个男孩倒在地上，双手捂着肚子，血直往外涌，染红了他的双手，寒皓提着那把捅过男孩的刀，站在男孩身边好一阵子，才从口中艰难地挤出一句话：“人是——我——人是我杀的——与我的兄弟们无关！”说完便昏倒在地上，浑身都是血痕。

“寒皓——”我和潇楠大喊着，跑过去扑在他身上，他拉着我的手，嘴一张一合地，像是在说着什么，却终是没能说出来。

“寒皓——”敖翔也喊着，过来抱起寒皓就向外冲，姬瑶的弟弟见此情形，领着兄弟们也匆匆逃去。留下那男孩的尸体，无人过问。

而此时，攸攸和诗杰呢？他们被这种场面、这些事情所震惊，被我的坚强、宽容、大度所感动。想想当时一起上学受苦受累的日子，想想我强忍思念、强忍爱恋之痛苦学的日子……诗杰悔恨自己的迟钝，他早该告诉我事情的真相，好让我有心理准备，不受这么沉重的打击；他悔恨自己的笨拙，他早该阻止姬瑶的指示，不让事情进一步发展到今天，他早该这样！这件事的结局当然很清楚：寒皓被追捕进了公安局，参与打架的人都一一去公安局做了笔录……

四十

“雁渡寒潭，雁过而潭不留影；风梳密竹，风过而竹不留声！”淡笑而过。

听我这么说，朋友们都以为我疯了，是吗？说出这些话，做出这些事知道我鼓足了多大勇气吗？这可是我最深爱的人啊！爱他胜过一切！如今，这份执著已失去了温度。

“你说什么？你刚才说什么？樱子。”恺旻从后面过来，拉住我的手，却因无力而滑到指尖，冰冷冰冷的。

“分手吧！”我抽出手来插进裤兜，看着他的眼睛，很是认真：“这样谁都会好过些，不必再遮遮掩掩、提心吊胆，谁都会过得轻松快乐些。”

“可是——”

“没有可是！”他的话被我打断，“听着，恺旻，没有爱情了！我们都用不着去竭力维持，明白吗？没意思的！”

“那你看着办吧！”

“我看着办？你每次都冷冷甩下这句话，让我一次次因为这句话而依顺你、谅解你！现在，我真的不会再心软。”

他用深沉、温柔、无奈、不解……百感交集的眼睛看着我，久久看着我，那眼神！那曾与我频频相撞碰出心灵火花的眼神，在今天，在此时，我又遇见，依旧心动。哪里想分手，想离开他啊！我是真的舍不得离开他。可是现在的身体状况自己明白得很，心口好痛，我知道我已经不行了，支撑不了多久了。忽然之间想起那个为我算卦的老伯所说的一句话："你和男友月份不和，属相一般，缘分不够，另找男友吧！"那时怎么也不会相信他的话，现在看来真是应了他的预言啊！其实这东西不能全信，也不能不信。多多少少也挺应真的。

"万事皆缘，随遇而安！"我苦笑道。转身，潇洒走开。真的那么潇洒吗？不！对感情，我不是个能拿得起放得下的人！表面不爱，可心里仍期待，期待一个拥抱，一个和恺旻久久的拥抱，最后一次拥抱。期待一个深情的吻，久久的吻，最后一次吻。想着，走着，忍着心痛，拖着沉沉的步子，一步步向舞台走去。放弃是痛苦的，但更痛苦的是选择放弃。我毅然选择放弃，深深爱一个人，好苦！"心碎的声音只有自己才能听得到，那是一种空洞的声音。"

看着我的背影，潇楠哭出声来："她没有放弃，她依然执著。我们的樱子是坚强的！她是坚强、勇敢的女孩。看吧！她在跳舞！"

所有的目光都聚集在我身上。

舞台上，我挥挥手，告诉大家："兄弟姐妹们，在外漂泊、独自生活那么久，今天，我回来了！今天我回到家了！Happy 吧！跟我尽情 happy 吧！曾经，音乐是我的最爱，被我视为生命的全部。后来，爱情占据了这个位置，我也甘愿去冷落。现在，终于在眼泪中明白，好多事情你根本就无法改变，也不要去为谁而把自己改变！应该过自己的生活，要有属于你自己的个性和思想。"

“好！”不知是谁叫了一声，然后店里响起一阵掌声。

“谢谢大家，谢谢你们，我的朋友。你们看吧！我又握着麦克风站在这里了，又站在这里了！这最熟悉却又陌生的舞台，回到从前！”终于又哭出声来，“我回到了从前，回到家了——”不知这泪，这言语是感动还是伤悲？

如果再回到从前，所有一切重演，你是否会明白生活终点，不怕挫折打击，没有空虚埋怨，让我看得更远；如果再回到从前，还是与你相恋，你是否会在乎永不永远，还是热恋以后，简短说声再见给我一点时间……

有些事我们活到现在仍不明了，明天认认真真地去爱，就是得不到，我知道也不是自己糟，爱走了谁也阻止不了，该是你的就是你的，不是你的就放掉……

……

……

……

和着乐曲一首一首地唱着歌，牛仔裤上时尚短裙上下舞动，还有绚丽紫色飘逸的长长卷发……尽显舞姿，却显得那么疲惫。在台上，我清清楚楚地看到恺旻惊异地站在不远处，姬瑶走过去，在跟他说什么，接着就趴靠在恺旻怀里，看吧，你们快看吧！那拥抱，那前额一吻，他还是给了她，看吧！恺旻他还是把最后的温柔和甜美给了姬瑶！尽管短暂，但依旧真实。我的心又开始酸痛。姬瑶放开环在恺旻脖子上的双手，转身走开，走到门口，又忽然转过身来，狠狠留下一句话：“恺旻，我恨你，我不恨你是不可能的；雪樱，不恨你也是不可能的！我决定退出！我是有男友的，为什么不去珍爱呢？但你们一定给我记住：不恨是不可能的！”

我的天！她怎么会说出这样的话，她怎么会有这样的决定？

潇楠、敏、诗杰他们帮忙招呼着送客，该放的心都放了一千个，可是唯独恺旻还让我不放心，我已经不行了，却没能看到他幸福的结局，万万没有想到姬瑶千方百计地将他从我身边夺走，又狠狠将他踢开！她是怎样的一个人啊！唉！就如诗杰所说，她的目的终于达到了！目的？什么目的？难道拆散一对恋人，毁坏一段美好的爱情，就是目的？难道非得把别人的痛苦当做自己的笑料，把自己的快乐建立其上？罪过！不放心的还有寒皓，为了我，他受了严重的伤，等待他的将是法律的制裁……再也撑不到见他的那一刻了！遗憾的是我没能好好陪陪父母，陪陪爷爷奶奶，还有，我终不能亲口对林枫说声“爱你”，说声“对不起”……遗憾的事还有，后悔的事还有，牵心的事还有，举得出来吗？已经没有力气再撑了。眼前一切都开始模糊，直到一片漆黑——

啪！

倒下了，我倒在了悲凉的乐声中！终于支持不住倒下了！我的嘴角还一张一合的，想要说什么？是说给恺旻的话，我要让恺旻听着：“事到如今我依然爱你，深爱着你，真爱着你，却再无力去对你，没有恨。只恨我自己，恨我自己心太善，轻易相信了别人，轻易相信了姬瑶对你的爱，没想她竟如此善变，如此绝情。”可是，这些话想得到却无力说出口，说给他们听。我的心已经乱了感觉，慢慢冷却……我知道大伙儿都聚在我周围，知道是潇楠抱着我，恺旻也在她身边，我还听见潇楠在说话：“早说过她是个坚强的女孩！她坚强！她支撑着伤痛坚持到现在也实在是不容易，她没有言败，没有妥协！你们谁知道，深受打击的她已经没有了明天。”她哭得伤心极了,“你们有谁知道她是个患有先天性心脏病的孤儿!有谁知道!”听潇楠这么一说,大家都很惊异。“恺旻,你也不知道吧?”这一问带给恺旻的又是多么沉重的打击?的确,他一点儿都不知道,他从没有问过我,我也从没有跟他讲,以前稍不舒服,都是靠吃药、休息来扛,他总以为我吃得不够好,锻炼不够多而导致的营养不良、素质不好,现在总算是明白了吧!迟了!潇楠接着说:“樱子她伤痕累累的心太痛了,她执著、真实的心太累了!她需要时间来医疗,她需要好好地休息休息。”

一阵剧痛,心被撕裂,在一声痛苦的呻吟中,我永远地闭上了眼睛。灯光下,舞台血一般地红,曲终,唱机划出揪心刺耳的声音,而我的身体却安静地躺在那里,躺在潇楠的怀里,谁都看到了我眼中最后一滴泪的滑落。

轻轻地……

悄悄地……

碎了。

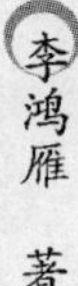

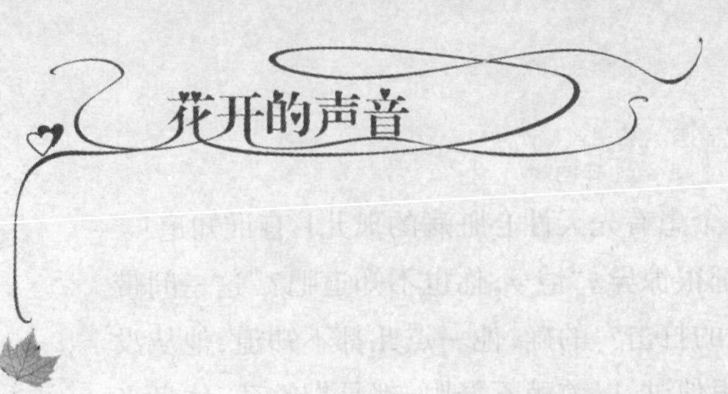

四十一

如果相爱是一杯苦酒,就让我们去畅饮生命的真谛;如果相爱是永远的痛苦,就让泪水去解读爱的含义,就让生命在错误中描画美丽,就让心与心在爱的长河中期待永远的爱!

“樱子——樱子——你醒醒,你醒醒啊樱子!樱子你不要吓我,你告诉我潇楠说的都是真的吗?你告诉我她在骗我,你不要再吓我,快醒来啊!醒来咱们回家,不是说好了下个月十一日就订婚吗?就在咱们相恋的纪念日那天订婚,你说那样会很有纪念意义,我听你的。你总会很细心周详地安排一切事情,总是给我惊喜与感动。你说你喜欢法国的浪漫,梦想着在那里举行婚礼;你说你喜欢澳大利亚、新西兰的环境,希望能移民到那里生活;你说你喜欢印度、埃及的古典,喜欢尼罗河的神秘;你说你喜欢日本的樱花,希望置身于樱花烂漫的时节……”听恺旻认认真真地讲述着我曾告诉他的心里话,我的心里暖暖的,原来,他都还清清楚楚地记得。

“樱子,你还记得吗?上次我们一起去看海、看日出,我答应过你,我要好好工作,挣好多的钱,带你去看海,带你出国,让你好好地学习音乐,让你发展音乐,不是都说好了吗?说好了要买别墅,把爷爷奶奶和父母,都接来一起生活,一起给他们做饭吃,一起给他们读报纸；说好要生一个儿子，长得帅帅的，像我一样高大，像我一样用心工作，就是不要像我一样古板，少情调，不要像我一样太专心于工作而忘记回家。还要生一个女儿，让她漂漂亮亮的，像你一样可爱，像你一样热爱艺术，就是不要像你一样脆弱，不要像你一样容易受伤，不要像你一样太固执。我们要给孩子们教诗歌，教他们弹钢琴、玩爵士鼓、画画，你还要教他们练出漂亮的字，教他们好好学习，还要在每个假期带他们去旅游，开阔眼界，你说我们要做最慈祥、最浪漫的父母，我们要和孩子们成为知心的朋友，以此来营造一个环境让他们健康快乐地成长……你忘了吗？这都是你我的计划，你我的愿望，你都忘了吗？快醒来啊樱子，醒来啊——我们结婚，我们要我们自己的家，我们要好好孝敬父母亲人，这全是你说的，快醒来啊——让我们共同来实现这个愿望，让我们并肩来走完今后的路，不好吗？醒来啊——"

"可是我死了，永远地死了，虽然灵魂在你们身边站着，但是你们却看不到，虽然我有千言万语，但说了你们却听不到！"我哭着说。静静地，我站在他们身边看着他们围着我的躯体哭泣，静静地站在恺旻身边，听着他对我说着我们曾说过的话，眼看着他们一个个为我伤心哭泣，想上前劝慰，想去给他们擦擦眼泪，可我却无能为力，看着恺旻抱着我的躯体，一遍遍呼唤着我的名字，他多么希望唤醒我，他是多么痛苦、懊悔啊！

"樱子，我亲爱的宝贝，醒来啊——"

"恺旻——恺旻！你冷静点好吗？我求你冷静些！樱子她死了！她已经死了！求你理智些！让她安息吧！让她好好地休息吧！她实在是太疲惫，实在是太累太累了——求你别再呼唤，别再打扰她了！理智些，我们送她回家吧！”

到现在，还是潇楠理解我、谅解我、关心我，真的好感动，我走近潇楠，摸摸她的手，捋捋她的头发，可是！可是我没有任何的触觉！噢，对了，我是个死去的人，死去的人的灵魂怎么能触觉到生灵呢？唉！我还以为我活着，还以为我在他们身边。

“她死了？不！她没有死，她没有死！我的樱子她又在跟我闹，她在吓我，对吗？樱子，告诉我你在吓我，你在哄我——”看着我发白的嘴唇苍白的脸，握住我冰冷的手指，“不——”恺旻哭喊着紧紧将我拥入怀中，他吻我的额，吻我的唇，吻我的脸，他要吻去我为他哭过的泪痕……

“樱子，我来回答你的问题，原来我一直深藏在心底你不明白，现在我要大声说出来，让你听见，你也一定听得见：我爱你！我爱你！我爱你——我是真的真的很爱很爱你！你听得到吗？我还要给你道歉，要给你解释你还愿意听吗？我真的对不起你，对不起你——没有早早讲清楚，让你陷入误区，我要说，我和姬瑶从头到尾都是一场游戏，那只是玩玩而已，并没有动过真情……亲爱的，你不要生气，听我说完这些压抑心头很久的话，你一定不要生气，因为你的身体不允许你再生气，我不是在刺激你，也不请求你的原谅，甚至是你好好骂我，大声骂我，冲上前来打我，我都不会有一点的怨言，我只希望你能明白我的心，明白我的情，明白我对你的爱！”

别再说了恺旻，我听到了你的心声，我看到了你的痛苦，我会理解你，会原谅你，会明白你的心！会的，一定会的，我要让你快乐，让你振作起来，我会在天上看着你重新开始！我不会骂你，更不会打你，我舍不得！我答应你，我听到你的话不会生气，我答应你，以后一个人过我会保护好自己，会照顾好自己！

“恺旻，我们送樱子回家吧！”

“是啊，送她回去吧！”

……

我的死党还是这么在乎我，这么关心我，心里头暖暖的，等等，请你们等等，让我再看看这里。我在我的 Don't Know Pub 里转了一大圈。看看每一处的装饰，坐坐每个位子，再去站站这个舞台，再去看看吧台，摸摸陈列的酒，走吧！走吧！送我回家吧！

一路上，恺旻抱着我，还像以前一样，我在他怀里，用双手环着他的脖子，对他微笑，告诉他我好幸福。可是现在，他感觉不到我的温度，看不到我的笑，也听不到我在说。

恺旻将我抱回家，抱回我的小屋，让我安静舒适地躺在软软的单人床上。电波依旧放送着动人的歌曲，毛毛熊依旧躺在怀里，灯光依旧被扭到最暗，柔柔暖暖的橙色里，依旧如昔。再见了！我亲爱的小屋，身边亲爱的人！

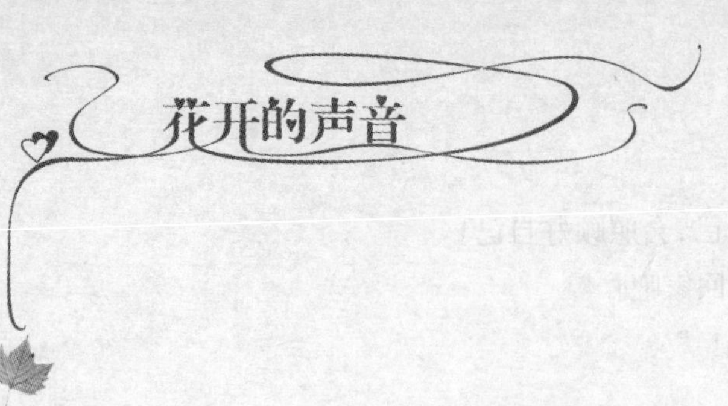

四十二

这个五月底下雨了，好大的一场雨啊！阴天里悲伤的气味非常浓重。我乘着流星来到海天相接的地方，白云托我飘摇着上升，来到了一个叫做天堂的地方，挥着翅膀的小天使听从神的指示，安排我住在星星上，窗口宽大明亮，透过薄薄的窗纱我看到了 B 城。

在 B 城最高大豪华的经贸大厦里，我看到了帅帅，他舒舒服服地坐在总经理室的办公椅上，西装革履，喝着咖啡，接接电话，时不时地签发文件，开个小会，直接一个都市白领族，出门开着轿车，还和一位漂亮女人结了婚，住在郊区的一栋别墅里，恩恩爱爱。这个坏小子，他终于实现了自己的愿望，不错。可是为什么没有邀请我参加他们的婚礼呢？该打！咦？他们小两口开车去哪里呢？绕了好远的路，是去墓地呀！正纳闷呢，我就从窗口接到一大束百合花，扑面而来的是淡淡的清香，还收到一个帖子，瞧吧！正说呢，帅帅就送来了。听！他在给我说话："樱子，我来晚了，帖子也给你送晚了，你怪我了吗？刚刚给恺旻拨电话，才知道你——你怎么——唉！何苦呢？我现在有了成就，立业成家，打算今天就回家乡给你一个惊喜！自那次一别就再未联系。我知道你不会怪我的，对吗？"

傻瓜，能来看我我都高兴得不得了，怎么会怪你呢？这个傻小子变化可真大，一下子成熟了好几分，让我刮目相看，有成就就好，长大了就好，这才是人生之重。

"认识一下吧，樱子，这是我的妻子瑜儿！"

听他介绍，瑜儿是个才貌双全的女子，他们在一起工作，我很佩服她，很羡慕他们，也在祝福他们。

"我还约了林枫，你们好好聊聊，他想说些心里话。说真的，他根本没有忘记你，他一直很在乎你，对你，他真的用了心。听到你去世的消息，他深受打击，要来看看你。林枫——"帅帅向那边挥挥手，"林枫——在这里——"

循声望去，天哪！那位是林枫吗？同样西装革履，还是那发型发色，还是那一米八几的高大身材。他打开车门，取出两大束鲜花，走到帅帅身边。

"林枫，好好跟樱子聊聊，我们先下去，车停在山脚下，上来时你应该看见了吧！"

"看见了。你们先回去吧！这儿风大，弟媳别伤着身子。"他还是像以前一样总会很好地去关心每一个人。

"谢谢！那我们先走，记得有空常联系。"

"好的。再见！"

目送帅帅他们远去，林枫转过身来，摘掉墨镜，面对面，我看清了他的脸，那模样还是没变，只是添了些深沉与严肃。这是我第一次看见他穿西装，还真是精神。怕是再也看不到他身着休闲装独自一人在校园小路上散步或者匆匆忙忙去开会，也或者是跑进跑出图书馆；怕是再也看不到他阳光般的笑，甚至是他对我的冷酷；怕是再也看不到他过去的快乐无忧。今天，他依然阳光，依然帅气，但是在潇洒中透着成熟，而不再是潇洒中透着过去的天真。

“放弃吧！放弃也是一种美。”我想起了这句话。过去朋友常常这样劝慰我，可我只是笑着摇头。虽然他们看不到我坚定的神情，听不到我的想法，但是，我还是要说：“我不会轻言放弃。”我知道，我和林枫不会有永远在一起的可能，因为我不过是个灵魂而已，他看不到我的存在。但是，对那份真情我无法更改，无法放弃！我只是一遍遍地自我安慰：记得要忘记！之所以，我一直活在痛苦里，并不是不想去面对现实，而是用情太真太深。结果，就是现在这样的惨局。没有太多的什么奢求，只希望他能感觉到我的存在！只希望他记得有我存在！

等了好久……

他终于开口：“樱子，我觉得当时我们的恋爱并不合适，我们适合做朋友，我们是知己。我不想再回到过去，相爱不如相知！”

我听得到，听得清清楚楚真真切切，听到他这么说，我的泪再也止不住地往外涌，“为什么？为什么到这个时候了还要说出这些伤心的话？”我一遍遍地内心呼喊，问他，问我自己，可是他听得到吗？我自己做得了解释吗？此时，我想到小齐的一首歌曲：

……你不能体会我现在的感受，像冰过的手冰得痛，每分钟，血都停止流；告诉我你曾经真的爱过我，是我伤你伤得太重……

没有。

他什么也不说。

沉默。

只是一再保持沉默……

好久！好久。

风呼呼地吹，吹乱了他的发。林枫用手理了理自己的发，而后戴上墨镜，透过镜片，我看到的是一双含泪的眼。

我心里想：难道林枫你一直不知道我对你的爱？难道你不相信我的真情？你永远也不会看到我的心，甚至是我记忆中与你在一起的每一幕，记录着和你联系的每一条短信息！

"他会听得到，感觉得到吗？"我问自己。一直看着他，期待着他的言语。

他仰起头，看着广阔的天空，叹息——

"樱子，我知道你的真实情爱，可是，你要知道，人是不能靠感觉活的。真的。不是我不相信你的真情，而是不相信现在的自己！我不敢相信我自己。我一直觉得是我错在先，对不起你，还请你能够原谅。"说着，他便端起一杯酒一饮而下。微微皱皱眉。才放下酒杯，而后坐在碑前的台阶上，时不时回过头来看看。接着说："我不相信'感觉'，但是你的直觉却让我信服，所以我相信你能听得到，能感觉得到我所言，是吗？我想对你说声'对不起'，其实，我心里还是一直有她。我以为我会忘掉、放掉，可是这么久以来才发现自己还依旧真爱未变，她让我挥之不去，遗忘不了！"

天！

听到他说这些，我心痛难耐，不知所措。到底是该伤心，还是该高兴呢？我笑着流着泪，远远地看着他，那令我熟悉的身影竟突然让我觉得如此陌生，越来越模糊。我知道，他深爱的、无法忘却的那个女孩是馨曼，我也能够理解他的感受，正如我深爱的、无法忘却的那个男孩是林枫，有爱却不能走在一起的感受一样。唉！感叹：爱我的人我不爱，我爱的人不爱我！

他还说我送给他的那对鱼死了。

我擦擦泪苦笑道："我们这里没有鱼了。"

不哭！我告诉自己不许哭！多大的伤痛都要笑着面对，要笑看人生！尽管心痛，痛得伤痕累累，也要坚强！我想，我能够做到"忘记过去"，这是林枫所期望的，也许只有这样，才不会让他有负罪感，才不会给他添加烦恼。尽管这对我来说真的很是困难，但我不想让他为此而左右为难，不想让他为此而不快。所以一遍遍地告诉自己："我要快乐，我要坚强，我要记得要忘记！"我知道他再也无法看到我对着他笑；再也收不到睡前我发给他的手机短信，收不到早晨的吃的；再也不能(巧遇车站)一同乘坐 2 路公车；再也不能坐在一起说笑玩闹了……经过了这么多事情，我们都离开了这留有感伤的城市，走向各自的世界。也该是到了忘记的时候了。

看着他的眼睛，像是还有话对我说。他那流露出感伤的眼神向我诉说着他不同寻常的故事，那眼神背后是一种坚强。

"樱子，所有的事我都知道了，对不起？我来晚了，我觉得我很失败，如果当时再勇敢一些，再少想一些，让你来到我身边，投入我的怀抱，也不会有今天，你也不会一个人去遥远的地方生活，是吗？"他把鲜花放在我的墓碑前，一直看着我，"对不起！其实我一直很在乎你，我只在乎你，我恨自己为什么会把这份感情压抑在心底？为什么有爱却不能去面对，不能大声说出来？还说是什么'冲动'，是什么'错觉'，这些话都曾伤害过你，还真希望你能原谅，真的，樱子，请你原谅！那是无心伤害！那些是自欺欺人，明明很爱你，可我那时真的不知道该如何面对你！在你痛苦、孤寂的日子里，一个人在 B 城这个繁乱陌生的地方坚强地站着，用泪支撑着伤痕累累的身躯，我应该给你快乐，给你勇气，可我却做了些什么？不但没有安慰，反而冷眼对你……”说着，他竟然掉了泪，泪珠轻轻地、悄悄地滑落。他转过头，向远处看，又抬起头，向天空看，我知道他在竭力抑制他眼里的泪，努力不让它们滑落。

“对了，这是你最喜欢的百合花，祝福你还是那么美丽，这是我送给你的玫瑰，接受吧！如果有来生……”

他很小心很认真地把两束花插在碑前，我伸出双手将两束花抱在怀中，闻着花香，感觉着他的气息。他倒了三盅酒敬给我，我喝了，浓烈的味道香醇爽口。他还点了一支烟给我，我也抽了，轻轻地吐着烟圈，这是我第三次抽烟。我记得清清楚楚，第一次是在我十八岁的时候，生日那天知道了自己的身世，承受不住沉重的打击，用酒精来麻醉自己，还学会了抽烟，并破自身纪录地一次性连续抽完一盒半，一个月没有食欲，没有味觉，从此以后再也没有碰过；第二次是在我 21 岁的时候，除夕之夜和帅帅、林枫在 No.1 聊天，一高兴抽了一支，是帅帅点给我的，自此以后再也没有碰过；第三次是我 24 岁的时候，今天我与世长辞，林枫来看我，点给我的一支。尽管我最讨厌女孩抽烟，但又有什么办法呢？听朋友说：像我们这种堕落的人，烟是精神，酒是支柱。我堕落吗？至今我也无法回答这个问题。

“跟着我一辈子，我陪你一辈子！我林枫还是有这个能力来照顾你，我的胸怀还可以成为你的避风港湾！我的肩还撑得住一个未来！”

林枫所言实在是让我感动，他是一个认真细心的人，他是一个稳重的人，他是一个有责任心的人。这些我都知道，所以我才一直爱着他，放不下他。可是我想告诉林枫：我们之间是一份纯洁的爱，这也是一份迟来的爱。如果有如果的话，那么我相信我们会走在一起。可是，世上根本就没有如果，所以也注定我们就这样地擦肩而过。在你之前，我把全部的心交给了恺旻，全部的精力倾注于爱他，一次次深爱，一次次受伤害……直到后来发现了你，喜欢你却无法好好去爱你，不是我多情，而是我找到了真爱，不能面对是因为在给你找份公平。在感情上，我欠下的债太多太多，我的绝情伤害的人太多，我不想再去伤害你，不想去毁坏这份真爱，于是我心软，面对你，我一次次地妥协，一步步顺应，我以为……唉！结果还是伤害……现在好了，我一了百了，你们在感情上也无牵绊。林枫，我说了这么多，你听得到吗？”

“樱子，我一直不明白，为什么最真的心碰不到最好的人？让你太受委屈了！老天对你也太不公平了吧……”

没有想到：现在一个在这头，一个在那头；一个在天上，一个在地上；一个在里头，一个在外头；一生一死；一梦一醒；却仍然是心有灵犀！话说在心灵深处才能找到共鸣。的确。

“好了樱子，我该走了。还忘了告诉你，明天凌晨五点的飞机，载我去你最喜欢最梦想去的地方——法国。我要带你一起去，好吗？记住时间，凌晨四点半，我在机场等你。再见！”

他向我招招手，笑了！就是这个笑！我就喜欢他这么阳光般而又坏坏的笑。

凌晨三点半，我就看见他在机场门口徘徊，是在等我吗？我并没有去，去了他也不会看见，他也不会知道。来来回回，一个多小时他都在四下张望，难道他不知道他等的人不会再回来吗？永远都不会再来！

催促登机的广播再一次响起，他无奈地摇摇头，慢慢走进去。一个人拿两份出国证件登机，实在是奢侈，可是林枫还是不能承认没有雪樱的事实。飞机起飞了，在黎明破晓前，林枫离开了这个让他伤心的城市，他一个人潇洒地走，没有告诉任何人来为他送行，一个人走，一个人自由自在无拘无束地走，没有行李。他已经卸下了在这里背在他双肩上的沉沉的包袱，轻松飞向另一个适合他发展、生活的世界。飞机从我窗前飞过，闭上眼睛为林枫送去祝福，要让他知道无论他在哪儿我都在高高远远的天上看着他。

四十三

再回头看看 L 城吧。

敖翔说是已习惯了在部队的生活，写申请去边疆了；敏毕业工作分配去了 B 城一所重点高中，和她的男友一起去教书，待遇都很不错；潇楠为了一份执著的爱，考去哈尔滨，现在仍留校考研。男友泉还是常带她去看冰雕，带她去玩……很是呵护，他在哈尔滨有份很不错的工作，薪水也不薄，所以两人的父母都已经居住在那里，说好了半年后就结婚；蕾馨也已经长大，不再贪玩，也已找到了知心爱人，他们一起去了云南，实现他们白衣天使的梦；诗杰和一家公司签订好合同后开始了他的旅行生活，他的女友攸攸依然在 B 城开店；海涛已不再开 pub，一心做好学校里的一切行政工作；木木在 B 大考研；胖姐在 Q 大考研。他们都曾来为我献花，与我谈心，我不曾孤寂。

怎么少了寒皓和纪雯？我四下张望，街上有一辆警车，看呐，那里头坐的不是寒皓吗？他戴着手铐，由几个警察押着……他表情漠然，这是怎么一回事？在我焦急万分之时，他抬起头来看着我所在的这颗星星，我知道他在向我诉说心事。说吧，寒皓，我听得见。

他在心里头对我说：樱子，放心走吧，去一个适合你的地方过幸福快乐的日子，我希望你快乐！对不起，对不起我走上了一条不归路，你千万不要生气……杀了那个贱女人的亲弟弟！为你我都解了恨。

杀了他！寒皓竟然杀了姬瑶的弟弟！我真的无法接受这一事实啊！寒皓不是这种人，我不相信！我一点儿也不相信人是寒皓杀的，一点也不！他肯定是被冤枉的，他本质上是个好心肠的男孩。

车停在监狱门口，押寒皓下来，可是说什么寒皓也不愿进去，他恳请警察带他去一趟墓地。磨蹭了好长时间，他们终于又上了车。来到我这里。寒皓铐着的双手捧给我的那一大束花仍是百合，清香的百合。从他手中接过花时，我看到了他腕上勒出的深深伤痕，还有胳膊上为我而留下的受伤痕迹！

寒皓，你这又是何苦呢？

瞧，纪雯又捧着鲜花来了。

"樱子，我来晚了……"她低下头，不再说话，哭了一会儿，擦掉眼泪，勉强笑一下，"瞧我都干了些什么呀！来来来，喝酒，咱姐妹儿再来个不醉不归。"她坐在碑旁一杯杯敬酒给我，和我碰着杯喝，一瓶喝完后，她点支烟抽，"妹子，你就算了吧！女人嘛！还是不抽烟的好。我又想起咱们在B城的生活，衣食无忧，有那么多人捧着、护着，有很好的朋友……别介意我这么说，我是个爱慕虚荣的女人，你又不是不知道。唉！那时候，虽然没有恺旻陪你，但还是有快乐的，对吗？你白天上学，晚上工作，时不时我还和姐们儿去给你捧个场，时不时还带你也混混，你是个出淤泥而不染的家伙，不打扮，不化妆，不过你自信。那时候你抱着吉他唱着歌，有'浪人'的味道，有女人的味道，这种综合的味道是其他人所没有的。”

这纪雯，喝醉了吧！把我吹捧成什么了。

“唉！姐妹，我说的是实话嘛！别死不承认！那时候还有一堆帅哥围着你转呢！不过你还是 very like 那个 Q 大的学生干部，叫什么来着？噢！对了，叫林枫！没说错吧！怎么样？他有没有来看你？有没有来陪陪你？瞧瞧这儿这么多鲜花，唯有那大束的玫瑰是他送的吧！哈……可老天总会捉弄人！说真的，我觉得你始终是幸福的，有那么多人爱着你、念着你，你不是常给我说‘知足者常乐’吗？人间怨恨也该了了！你去另一个世界生活，我也要去我的世界。今天也是最后一次来看你，我找了位大老板，人还可以，大我十八岁，老吧！不在乎，因为他很爱我，要带我去美国，我答应他不再做‘黑’事儿，让他包装我进演艺圈，毕竟我学的是这个。不久我也成为一颗明星时，给咱兄弟姐妹们撑面子，长精神！让姬瑶那小婊子羡慕去吧！不过听说她死了弟弟，她老爹送她去加拿大，结果被英语卡死了，又花了很多很多银子学习，活该！像她这样没有本事的人就这样一事无成！老娘再怎么坏，他妈的还有资本做事，脑袋里、心里头、手头上都有生活的资本，对不？”

唉！纪雯的话也头头是道、句句在理，她也要出国去，好样的，祝她幸福吧！我期待她这颗星闪耀升起的那一天！

“谁在那里大谈生活，大论资本呢？”

“哟！是恺旻来了，樱子，瞧见没？你老公带来这么多鲜花啊！有百合，还有玫瑰。得，有人来陪你，我就可以放心地走了，Bye！”

“Bye！”

亲爱的兄弟姐妹们，我的死党们，只要你们过得比我好！我在天堂也快乐无比。

送走纪雯，心里头暖暖的。再看看恺旻，消瘦了许多。我知道，他没有去上班，也没有心思上班，整天在空荡荡的城市闲逛着，试图在曾经去过的地方寻找我的身影，感受我的气息，整天他都在用酒精麻痹着自己，用香烟来支撑着自己，颓废得很，失落悔恨的心开始一点一点冰冷，一点一点破碎，碎在红红夏日，碎在美丽难忘的六月。所有的这些，他不用说我都知道，我不想看到他成这个样子，多希望他能够振作起来，他能听得到我的心声吗？就这样沉默地站着。许久。

“都走了——都离开了这个曾经生活、曾经快乐过的老家L城——上学的上学、成家的成家、工作的工作……连一个说说话、喝喝酒、出来走走的朋友都再也找不到——我没有选择离开，我要面对心碎、伤感，我要陪在你的身边天天来看你，陪你说说话、聊聊天。”

他把一条天蓝色海豚样儿的宝石项链埋在这里，让我戴上，还在周围种满了百合花。我恍然大悟，今天是十一号，我们约定结婚的日子。

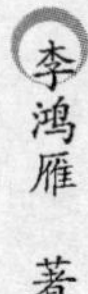

一生失败几回才知道成功的意义？

一生爱过几回才知道爱的真谛？

过去的一切都过去了，一切都因我们太年轻，不知如何去爱，不知人生有许多的错位，不知道对错。而生活正用我们的错教会我们什么是“珍惜拥有”；在拥有的角落是否懂得珍惜？这才真正理解什么是“痴心绝对”，也从而领悟到什么是“回心转意”，痛感到什么是“难以忘记”。

恺旻应该感受到我在生命的最后挣扎着挤出来的那些话:“我颓唐地醒来,泪已流干,我爱你,可是心还在忧伤……痛!让我无法忘却这些无情的日子……无法忘却……”

在天堂里,我为恺旻写下了这些祝福的话。

天堂是幸福的,天堂是美丽的,天堂的真正名字叫宽容,我深深地还要说一声,对不起姬瑶和她的弟弟,假设我能死而复生,相信宽容铺就的大道上,有我们灿烂而幸福的笑,活着的人,幸福地笑吧!

一年又一年,百合花开了又败,可是人却无法死而复生,无法重活一次……永远……

在你不忘记爱的时候，它一直替你活着；但当你忘记爱的时候,对于执著而又满心伤痕的人,将替它死去。

尾　声

心如止水，没有波澜。让我想起朋友的一句话："在这嘈杂纷繁的世界，要心静如水，只有在宁静中才能感受快乐。"的确如此。

说"值得"是因为爱得真真切切如痴如醉；说"值得"是因为醉生梦死最终还是会感动与心酸；说"值得"是因为明白了事理体验了生活。

说"不值得"，因为还太年轻，浪费的光阴太多，太多……

年少轻狂不是错，心有悸动不是错，而错就错在我们轻视任重道远，放任自己的感情，过早地坠入爱河无法脱身。错就错在我们的任性与倔强，因过分叛逆而自讨苦吃。

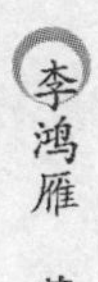

正当青春年少，是努力学习、奋斗事业之时，而我们呢？却都一个个为爱痴狂、被爱所伤。现如今，问：什么叫爱？什么才是爱情的真谛？那是人一辈子的付出与体会，怎能任凭毛孩子们去瞎理解？爱得死去活来，又能怎样？非要等到心痛才能知错吗？非要等到用泪水洗过才明白事理吗？非要等到花儿谢了才去珍惜、感叹吗？迟了！一切都太迟了！以生命的结束来为自己画上句号，何苦呢？但往事已去，覆水难收，我已无力回天。悔恨、遗憾也无济于事，它们也不会换回我的生命！

一双渴求生命的眼睛，一双懊悔自责的眼睛，在流泪，在说话，奉劝年轻的朋友：生命有限无价，让它“值得”，而不是被爱情所牵累，它应该更好地为亲情而付出。

有生以来，最真最深的爱应该给予亲爱的父母亲，就这样都不足以偿还他们这一辈子付出的血汗、辛劳。孤儿也好，单亲也罢，养育之恩不能轻舍啊！更何况在幸福家庭中成长的孩子呢？在家时，总想外面的世界如何如何地好，而一旦出门在外，才会知道家是多么温暖。应该比别人更懂得珍爱，更懂得该做些什么！我们不要演悲剧，因为我们还年轻。卡莱尔说过：生活的悲剧不在于人们受到多少苦，而在于人们错过了什么？

后　记

——心怀感激

在我成长的这19年里，看花开花谢，听河流汩汩；看日出日落，听火车轰隆；看人来人往，听叮咛与祝福……感谢一花、一草、一木；感谢蓝天、白云、河流；感谢身边万物；感谢生命中所有给予我爱以及我正爱着的人！

这来自大自然的美好，来自父母亲人的关心爱护，来自敬爱老师的教育指导，来自学校、社会的人生实践以及来自于知心朋友的交流和陪伴……使我学习到了、感受到了很多东西，使我的人生得以充实，人生价值得以实现。虽是一次小小成功，虽然才迈开成功的第一步，但我早已泪浸双眼，心怀感激，我要说声：谢谢！感谢你们对我的支持和鼓励、教育和培养，关怀和伴随！谢谢！

借感言一句：成功只因一路有你！

在我个人成长的道路以及此书出版的过程中，得到了以下各位老师的帮助，在此一并表示诚挚的谢意！

吴宵媛　王万菊　赖学章　杨晓霞　甘金元　宋玉红
陈好春　冯　进　王　峰　何永芳　王润莲　史立新
张发金　马燕山　锁晓梅　李永莲　张稳移　王云霞
庄　严